À nous la france !

Rokhaya
Diallo

À nous la france !

Soulajah Éditions

À mon père

Introduction

La France est à nous, le monde nous appartient !

Il était une fois un pays dont le peuple, en 1789, arracha sa liberté à des souverains qui l'avaient accaparé des siècles durant. Ce pays produisit un texte ambitieusement nommé «Déclaration des droits de l'homme et du citoyen», décrivant par le menu, les droits auxquels chaque être humain pouvait désormais prétendre. Ce tournant marqua l'abolition des privilèges dans lesquels l'aristocratie s'était confortablement installée.

Ça c'est l'histoire officielle. En réalité, plus de la moitié des êtres humains étaient exclus de cette avancée majeure, puisque les femmes durent attendre près de deux cents ans pour devenir enfin des citoyennes à part entière ne dépendant plus de l'autorité masculine, qu'elle soit paternelle ou maritale. De même les Noirs qui, d'abord émancipés des fers de l'esclavage en 1794[1], y retournèrent bien vite, quand Napoléon Bonaparte rétablit leur asservissement en 1802. Mais l'idée d'une égalité entre les êtres humains protégée par des droits fondamentaux et inaliénables était née, conception qui avait déjà transparu de l'autre côté de l'Atlantique lors de la rédaction de la Constitution américaine de 1787.

Alors que nous célébrons régulièrement les acquis révolutionnaires, que reste-t-il aujourd'hui de ces idéaux? Les privilèges qui étaient alors dénoncés ont-ils réellement été supprimés? Rien n'est moins sûr...

La France compte 65 millions d'habitants et, malgré les principes revendiqués par la République, l'égalité est loin de régir effectivement la vie quotidienne des citoyennes et citoyens. Les inégalités entre femmes et hommes perdurent et le racisme n'a pas disparu: les élites présentent bien souvent un visage masculin blanc et plus que quinquagénaire.

---

1 Vote de la Convention montagnarde du 16 pluviôse an II (4 février 1794).

Certes, la France change, son identité se transforme, se colore et se fait le reflet du monde. Mais ceux qui détiennent le pouvoir au détriment de la majorité ont-ils intérêt à ce que les choses évoluent ? Un remaniement ne menacerait-il pas leur position dominante ? Des voix s'élèvent contre toute nouveauté qui pourrait remettre en cause « l'identité nationale ». J'y entends seulement les échos d'un combat désespéré pour préserver une France qui n'existe plus. Combat qui est aussi celui d'un groupe de privilégiés qui voient avec inquiétude une partie croissante de la population – les jeunes, les femmes, les minorités ethno-raciales – réclamer une juste prise en compte de leurs aspirations.

La perte d'influence de l'identité française sur le monde est enrayée par le dynamisme de pays étrangers bien éloignés de ce que les stéréotypes associent à « l'identité nationale ».

Paradoxalement, la France n'est plus le point central de la francophonie : en 2012, le Sommet de l'Organisation internationale de la francophonie (OIF) ne se déroulera pas à Paris mais à Kinshasa (Congo), qui est la première ville francophone au monde. Le cas de Kinshasa est loin d'être isolé en Afrique, puisque ce continent est celui où la langue française est la plus parlée au monde. Ainsi, selon le rapport de l'OIF[2], la moitié des locuteurs francophones du monde se trouvent en Afrique et, en 2050, 85 % d'entre eux seront africains[3].

L'Afrique, non contente d'être l'avenir de la langue française, donnera certainement naissance à une grande partie de l'humanité à venir.

---

2 Rapport du secrétaire général de la Francophonie pour la période 2008-2010. http://www.francophonie.org/Rapport-2008-2010.html.

3 *Rapport sur la langue française dans le monde, 2010,* Éd. Nathan (Paris - France).

2050 : la fin du monde ?

Selon l'Institut national d'études démographiques (INED), en 2050, un être humain sur quatre sera africain[1]. À cette date, le Nigeria devrait devenir le troisième pays le plus peuplé du monde, dépassant les États-Unis qui occupent actuellement ce rang. À cela il faudra ajouter l'expansion démographique asiatique. L'exemple de la Chine est connu mais l'Inde, qui a vu sa population passer de 350 millions d'âmes en 1950 à 1,24 milliard aujourd'hui, ne sera pas en reste.

En deux siècles, l'humanité est passée d'un milliard à sept milliards ; désormais ce sont les pays d'Afrique et d'Asie qui accueillent le plus grand nombre de nouveaux arrivants sur cette terre.

La position qu'occupait l'Europe, et plus largement l'entité floue que l'on nomme «Occident», est peu à peu gagnée par des puissances qui étaient autrefois dominées. Le poids démographique de ces pays tend à infléchir les rapports de force qui avaient été instaurés au profit de quelques nations phares. Au sein même de ces nations les équilibres entre groupes ethno-raciaux, réels ou supposés sont bouleversés. Ainsi aux États-Unis, les prévisions des démographes annoncent que la date de 2050 sera aussi fatidique pour les tenants de la suprématie blanche : c'est à cette date que les Américains blancs deviendront minoritaires[2] !

En France nous ne disposons pas de telles statistiques, mais la teneur des discours au sujet de la préservation d'une «identité nationale», hypothétiquement menacée par des minorités,

---

1 Gilles Pison. *Population et Société*, n° 480 : *Tous les pays du monde*, INED, juillet-août 2011. http://www.ined.fr/fichier/t_publication/1543/publi_pdf1_480.pdf
2 Selon les données du Pew Research Center.

démontre que la peur n'est pas loin. Ce sont les mêmes peurs de déperdition identitaire qui traversent nos sociétés, donnant lieu aux réactions les plus étranges. Tandis qu'en France des apéros «saucisson-pinard» sont organisés dans les quartiers à forte concentration musulmanes[3], aux États-Unis c'est le Tea Party[4] qui, malgré l'évocation d'un acte fondateur de la révolution américaine[5], se veut le fer de lance du discours anti-immigration. Son idéologie s'est largement exprimée à travers les suffrages qui ont conduit Donald Trump à la victoire.

Dans les discours publics, sous l'impulsion des déclarations politiques de plus en plus réactionnaires, une pensée hostile à l'évolution de l'identité de la France se répand et s'installe avec une facilité déconcertante, relayée en haut lieu par divers journalistes et intellectuels. Leur omniprésence médiatique a permis une large diffusion des idées conservatrices, dont certaines explicitement racistes, qui étaient jusqu'à présent l'apanage d'une extrême droite plutôt rampante.

C'est ainsi que, lorsque l'ancien ministre de l'Intérieur Claude Guéant déclare que «*toutes les civilisations ne se valent pas[6]*», il perpétue l'idée d'une supériorité de la civilisation qualifiée d'«occidentale» sur d'autres qui seraient restées bloquées au Moyen Âge. Afin que l'on comprenne bien quelles sont les populations visées, et bien qu'il se défende (sans grande vigueur) de viser les musulmans, il précise: «*Celles qui défendent l'humanité nous paraissent plus avancées que celles qui la nient; celles qui défendent la liberté, l'égalité et la*

---

3 L'islam interdit la consommation d'alcool et de viande porcine, le «saucisson-pinard» est ainsi censé représenter par opposition l'authentique tradition française.

4 Mouvement politique hétéroclite et contestataire né au début de la présidence Obama.

5 La Boston Tea Party (révolte politique ayant eu lieu à Boston en 1773 contre le Parlement de la puissance coloniale britannique).

6 Lors d'une rencontre entre des élus UMP et des membres du syndicat étudiant l'UNI, le 5 février 2012.

fraternité nous paraissent supérieures à celles qui acceptent la tyrannie, la minorité des femmes, la haine sociale ou ethnique.» Démonstration qui évacue bien maladroitement les pans les plus sombres de l'histoire de la civilisation prétendue supérieure. Peut-on ainsi balayer d'un revers de manche la déportation des Africains réduits à l'esclavage organisée à une échelle sans commune mesure pendant quatre cents ans? Que dire du colonialisme et de la création de camps de concentration issus d'une politique génocidaire unique au monde?

Il est absurde de vouloir créer une échelle de valeurs classant les «civilisations», chacune d'entre elles ayant généré ses crimes et produit de lumineuses idées.

Unie et indivisible

En 2007, avec une poignée d'amis, j'ai décidé de fonder une association nommée Les Indivisibles, en nous inspirant de l'article premier de notre Constitution. Il s'agissait de valoriser ainsi le caractère indivisible de la somme des personnes qui peuplent la France, de démontrer que la France pouvait former un ensemble solidaire, contrairement à ce que sous-tendaient les discours qui opposaient les Français dits «de souche», à ceux «issus de l'immigration», les «étrangers en situation régulière» aux sans-papiers, la «France qui se lève tôt» aux bénéficiaires du RSA qualifiés de «cancer de la société[1]». Il était temps pour les recalés de la République sans cesse montrés du doigt de s'unir pour incarner cette indivisibilité garantie par la Constitution.

---

1 « Quelle est, pour moi, la principale injustice dans notre pays? C'est celui qui travaille n'ait pas un véritable écart avec celui qui bénéficie des minima sociaux [...]. Cette situation-là est pour moi le cancer de la société française» : Laurent Wauquiez, ministre des Affaires européennes, invité de l'émission BFM TV 2012-Le Point-RMC, le 8 mai 2011.

Les Indivisibles rassemblent dans leur combat différentes formes d'identités qui ont en commun l'exclusion de la majorité. L'association regroupe celles et ceux qui revendiquent le fait d'être des «Français sans commentaires», qui réclament que nul ne formule de commentaires suspicieux quant à leur francité. Pour désigner les personnes issues de groupes minorés, nous employons une terminologie en opposition avec la tendance à l'euphémisme qui envahit les discours relatifs aux non-Blancs. Vous constaterez ainsi que je parle de «Noirs» – et non de «Blacks» ou «personnes de couleur» –, d'«Arabes», d' «Asiatiques» et de «Blancs». Ces termes sont tout à fait discutables car personne n'a la peau véritablement blanche ou noire, les personnes vues comme «arabes» et «asiatiques» sont souvent françaises. Nombre de ceux qui sont qualifiés d'Arabes ne sont pas originaires de groupes arabophones, mais peuvent être berbères, kabyles.... Bien souvent, la couleur de peau de personnes originaires du Maghreb ou d'Asie est similaire à celle de ceux que l'on qualifie de «Blancs». Malgré tout ces mots, qui sont des simplifications arbitraires, désignent des réalités sociales, et produisent des effets sur la vie des individus ainsi désignés. C'est la raison pour laquelle je fais le choix de leur usage, préférable selon moi au contournement sémantique. Emprunter des détours n'efface en rien l'effectivité sociale de termes qui désignent des personnes de fait associées à des groupes ethno-raciaux minoritaires.

De la même manière, je n'emploierai pas le mot «diversité». Bien que très populaire depuis quelques années, ce terme bien pratique regroupe un certain nombre de réalités sans vraiment les définir. De droite à gauche de l'échiquier politique, dans toutes les grandes entreprises et dans les médias de premier plan, il est désormais inconcevable de ne pas être favorable à la diversité. Or, seules les personnes non blanches sont problématisées et qualifiées comme étant «issues de la diversité», comme si les Blancs constituaient une réalité à part, le parangon de la «normalité».

Ce terme permet également de gommer sous un vocable positif des réalités complexes ou gênantes, évacuant ainsi les mots si difficiles à prononcer – les Arabes, les Noirs, le racisme...

Pourtant, lors de la victoire de l'équipe de France de football en 1998, l'opinion publique s'était emparée de cette image positive que renvoyait l'équipe de France dite «black blanc beur», unie pour gagner. L'euphorie est très rapidement retombée.

Quelques années plus tard, en 2005, les révoltes qui ont éclaté dans les quartiers populaires ont braqué les projecteurs sur une France discriminée et reléguée dans l'invisibilité. Ce n'était pourtant pas la première fois que des Français se rebellaient contre leur sort. Au pays de la Révolution, où la Commune et Mai 1968 ont laissé de profondes traces, il est dommage que les voix venues de ces banlieues pauvres n'aient pas rencontré le même écho.

En ce début de XXIe siècle, nous nous trouvons à l'aube de grands bouleversements. En 2050 les rapports de force que nous connaissons aujourd'hui ne seront plus.

Dans les années 1980, *Le Figaro magazine* titrait en une, sous l'effigie d'une Marianne voilée: «Serons-nous encore français dans trente ans[1]?» Et nous y sommes! Un peu plus de trente ans plus tard, sommes-nous toujours français? Ma réponse est oui. Nous sommes français et nous sommes la France. Ce «nous» est un «nous» composite, celui de ces individus qui, privés de relais, ne sont jamais sur le devant

---

1 *Le Figaro magazine*. 26 octobre 1985.

de la scène. Ce «nous» est féminin, jeune, multicolore et multiculturel, il est l'avenir de la France.

« Nous» entendons reprendre en main notre pays et nous faire entendre de ceux qui en ont confisqué les clés. De la place que nous occupons aujourd'hui comme de celle qui sera la notre demain, «nous» entendons incarner cette France plurielle et solidaire, qui saura asseoir sa position dans un monde ouvert.

Chapitre 1
La France n'est plus
« la France » ? So what ?

Ben oui, et alors ? Cette pseudo-identité « nationale » dont on nous a rebattu les oreilles a fait long feu. Pourquoi regretter la disparition d'un tel bricolage idéologique ?

Il y a une dizaine d'années, le *Time magazine* a défrayé la chronique en titrant en une « The Death of French Culture[1] » (La mort de la culture française). Nos intellectuels français ont manqué de s'étrangler d'indignation en découvrant ce grand article qui s'évertuait à annoncer le déclin culturel de la France. Aux yeux de l'auteur de ce macabre constat, la France n'est plus capable de donner le jour aux Molière, Balzac et Proust qui ont fait sa gloire : ses productions culturelles actuelles ne suscitent

---

1 Donald Morrison, « The Death of French Culture » , *Time magazine*, vol. CLXX, n° 22, 21 novembre 2007.

plus l'engouement du reste du monde. Sévère jugement, présage d'une fin très proche?

Sans faire de cet article une parole d'Évangile, je reste convaincue qu'il met le doigt sur une crise qui devrait inciter la France à revisiter l'image qu'elle a d'elle-même.

Il fut un temps où la France était un prestigieux pays vers lequel les regards admiratifs de tous convergeaient, une contrée parée des plus nobles attributs, dispensant les Lumières, «inventant» les droits de l'homme.

La France n'était pas embarrassée par ses contradictions, puisqu'elle régnait également sur un des plus importants empires coloniaux. Tiraillée entre un idéal d'émancipation forgé par de grandes figures intellectuelles, et un prétendu projet de «civilisation» qui instaura en réalité un véritable système d'oppression dans les colonies. En ce temps-là, la France était une puissance incontestable. Cette stature lui conférait un poids politique et économique avec lequel peu de pays pouvaient rivaliser. C'était beau... mais tout ça c'est du passé.

Si la France reste la première destination touristique mondiale, le lieu qui attire en premier lieu les touristes est... Disneyland! C'est une évidence, la France a perdu de sa superbe, et ceux qui naguère l'enviaient, la contemplent aujourd'hui comme le vestige d'un temps révolu.

Assurément, la France n'est plus une autorité politique de première importance, son poids dans le monde est infiniment plus faible qu'au début du siècle dernier; elle est une puissance que l'on qualifie de «moyenne», pour rester poli. Dans le concert des idées, la voix française peine à se faire entendre, il semble évident qu'elle a perdu son *leadership*... euh... son influence.

Au XXIe siècle, nos instances politiques, dirigées par des parlementaires dont la moyenne d'âge frise les 60 ans, ressemblent de plus en plus à des maisons de retraite, notre cinéma se morfond avec des productions dont les titres (*J'me sens pas belle, J'veux pas que tu t'en ailles, J'attends quelqu'un*) font tout sauf rêver, et résonnent quasiment comme l'annonce d'un dépérissement amorcé. Les contre-exemples existent : *The Artist*[1], salué par la critique internationale, a marqué les esprits en revisitant les codes d'un genre qui parle à l'imaginaire collectif : le cinéma classique hollywoodien.

Ce déclin est à l'origine de nombreuses angoisses qui traversent notre société et se traduisent par des débats sans fin autour de l'identité française : qui sommes-nous ? D'où venons-nous ? Où allons-nous ? Vraisemblablement dans le mur !

En réponse à ces questionnements existentiels, se multiplient les remises en cause de plus en plus fréquentes de la place grandissante (et menaçante) que s'octroieraient les dangereuses « minorités visibles », issues de cette terrifiante contrée nommée Diversité, au détriment des braves Français blancs qui ne demanderaient qu'à préserver la pureté supposée de leur terroir. Face au grand danger qui pourrait bien déstabiliser les fondements de ce qui fait la France, une vaste offensive a été organisée en guise de protestation. C'est ainsi que la mythologie de « l'identité nationale » a retrouvé une nouvelle jeunesse, avec le succès que l'on connaît.

Cette quête désespérée du moi français n'est que la conséquence de notre histoire récente.

---

1 *The Artist*, réalisé par Michel Hazanavicius, 2011.

À nous la France

Au siècle dernier, la France a connu des transformations majeures que certains ont observées avec la plus grande anxiété.

Les femmes sont sorties des foyers – où tout avait pourtant été fait pour qu'elles s'y installent confortablement – afin de conquérir quelques nouveaux droits grâce aux luttes féministes. Les Arabes et les Noirs ont cessé de «baisser la tête» comme on pensait qu'ils le faisaient au bon temps des colonies, et les musulmans ne cachent même plus leurs velléités coloniales puisqu'ils prient dans les rues de Paris! La France change, et cela pourrait bien sonner le glas de la toute-puissance du «mâle blanc». Cette figure qui a dominé notre continent pendant des siècles, qui s'est octroyé les droits de l'homme (dont, rappelons-le, les femmes et les esclaves noirs étaient exclus en 1789), pourrait se voir menacée par ces nouvelles minorités en passe de prendre le pouvoir! Comme dirait Roger Gicquel: «La France a peur[1]»!

De cette inquiétude a émergé une théorie: celle du «Grand Remplacement». Selon l'écrivain Renaud Camus[2], notre pays connaîtrait un processus selon lequel les populations d'origine africaine (les musulmans en particulier) installées en France se multiplieraient dans l'optique de remplacer la population «originelle» (comprendre blanche). Cette thèse conspirationniste connaît un succès irrationnel dans les réseaux d'extrême droite et alimente des angoisses grandissantes dans l'opinion publique.

C'est sans doute mue par cet effroi qu'une ligue de superhéros d'un nouveau genre – constituée d'intellectuels réactionnaires –, défenseurs d'une France qui n'existe plus (a-t-elle jamais existé?), organise vaillamment la résistance. On les

---

1 Phrase prononcée par Roger Gicquel en ouverture du «Journal de 20 heures» de TF1, le 18 février 1976.
2 Le Grand Remplacement, éditions David Reinhar, 2011.

entend, lors de leurs tonitruantes interventions médiatiques, dénoncer le «communautarisme», crier leur lassitude de la «repentance» de la France quant à son histoire coloniale, se plaindre du «racisme anti-Blancs» dont on imagine qu'ils sont quotidiennement victimes, ou encore prédire «l'islamisation» à venir de la France, et le remplacement de la Constitution par la charia islamique...

Ils ont assisté aux succès des *Choristes* et du *Petit Nicolas* avec une nostalgie émue, espérant y voir la preuve que la France d'antan était toujours là. Malgré leurs efforts désespérés, tout porte à croire que cette époque est bel est bien révolue...

S'ils souhaitent se faire les gardiens de cette France où les têtes blondes étaient coiffées d'une raie sur le côté, je leur en laisse volontiers les clés! La France a changé, et je suis la première à m'en réjouir. Ma France, c'est – aussi! – une France de bronzés, de chevelures frisées et de noms difficiles à prononcer : qui ne l'aime pas peut dès lors s'appliquer à lui-même, une fameuse injonction. Et la quitter.

1. Les Français ne sont plus (tout à fait) blancs

« *C'est très bien qu'il y ait des Français jaunes, des Français noirs, des Français bruns. Ils montrent que la France est ouverte à toutes les races et qu'elle a une vocation universelle. Mais à condition qu'ils restent une petite minorité. Sinon, la France ne serait plus la France. Nous sommes quand même avant tout un peuple européen de race blanche, de culture grecque et latine et de religion chrétienne. Qu'on ne se raconte pas d'histoires[3]!* » C'est ce que confiait Charles de Gaulle, convaincu que le salut de la

---

3 Conversation entre de Gaulle et Alain Peyrefitte, le 5 mars 1959, suite aux événements d'Algérie. Dans Alain Peyrefitte, *C'était de Gaulle*, Éditions de Fallois-Fayard, tome 1, 1994.

pureté de la France ne viendrait que de la préservation de la majorité blanche et chrétienne.

Fort heureusement, cinquante ans plus tard, nous n'en sommes plus là! Enfin, presque plus. Certains regrettent avec amertume ces temps où la France présentait un visage monocolore. D'ailleurs, s'ils se fiaient à la photo de famille de l'Assemblée nationale, ils pourraient rêver que cette image rassurante, montrant une France de citoyens blancs, reflète une réalité immuable. Mais ce n'est que l'illusion nourrie par l'élitisme qui ferme les portes du pouvoir aux minorités.

Selon certains discours, la France semble se concevoir comme un pays dont les habitants légitimes ont la peau blanche, ceux-ci sont d'ailleurs communément appelés «Français de souche» ce qui induit l'idée d'une pureté dans la francité.

Suivant ces critères, les personnes qui ne correspondent pas à ce portrait type sont *a priori* considérées comme étrangères ou françaises «de papiers». Cela constitue une différence majeure avec les États-Unis ou la non-blanchité n'est pas systématiquement liée à une présomption d'extranéité.

Dans la France du quotidien, la réalité est tout autre. Les chiffres montrent qu'un quart des Français sont des enfants ou des petits-enfants d'immigrés, dont une large partie, originaires d'Afrique ou d'Asie, portent l'héritage de leurs ancêtres jusque dans leur physionomie. Avec leurs cheveux frisés, leurs yeux bridés ou leurs peaux sombres, ces Français apportent une nouvelle coloration à la photo de famille nationale, au grand dam des nostalgiques de la France d'avant qui protestent de toutes leurs forces dès que l'occasion se présente. Ce sont eux qui fustigent une équipe de football trop «black black black[1]» ,

1 Alain Finkielkraut, interview au quotidien israélien *Haaretz*, 19 novembre 2005.

incapable de représenter la vraie France, celle des «gentlemen[2]». Et lorsqu'ils tolèrent les Arabes c'est à petite dose: «*Quand il y en a un ça va. C'est quand il y en a beaucoup qu'il y a des problèmes*[3].» Malgré leur omniprésence médiatique, ils peinent à convaincre leurs concitoyens, qui sont loin de partager leurs opinions si l'on se fie aux sondages: chaque année les Français élisent au premier rang de leurs personnalités préférées des figures qui ne correspondent pas exactement à l'image dont le premier président de la Ve République faisait l'éloge. Alors que Yannick Noah et Zinedine Zidane sont régulièrement en tête de classement, Harry Roselmack a longtemps occupé la place de journaliste préféré des Français. L'ancienne secrétaire d'État Rama Yade culminait quant à elle en tant que personnalité politique préférée des Français. Au même moment, la série *Plus belle la vie*, sans aucun doute la seule série française mettant en scène une telle palette de personnages d'origines diverses, connaît un succès phénoménal et bat régulièrement des records d'audience.

L'inquiétude fébrile de nos intellectuels et de nos responsables politiques, rivalisant de déclarations hostiles sur la métamorphose de notre pays, n'est décidément pas en phase avec la perception des millions de citoyens qui cohabitent paisiblement avec ses voisins. Cette inquiétude se répand pourtant dans l'opinion et se traduit dans sa forme la plus grotesque par des rumeurs numériques qui postulent l'hypothèse d'un «Grand Remplacement» prétendument animé par une armée de non-Blancs organisée dans le seul but de remplacer la population française blanche.

---

2 Alain Finkielkraut, «Des sales gosses boudeurs», *Le Journal du dimanche*, 20 juin 2010.

3 Brice Hortefeux, lors de l'université d'été de l'UMP, septembre 2009.

L'hypothétique invasion de Français trop bronzés pour être honnêtes l'inquiète certainement moins que les conséquences de la crise économique sur sa qualité de vie.

Les citoyens, que l'on se plaît à opposer selon leurs origines ou leurs appartenances religieuses, ont bien plus de choses en commun que ce que les discours diviseurs judicieusement orientés laissent entendre. La vraie fracture se situe entre la majorité de la population maintenue au bas de l'échelle sociale, et une frange favorisée confortablement installée dans ses privilèges.

Et si le communautarisme si souvent dénoncé, était en réalité le fait d'une élite inquiète de perdre sa position dominante ?

2. Les Français ne s'appellent plus (vraiment) Dupont

Il y a quelque temps, Éric Zemmour, chroniqueur multicarte, pestait dans les colonnes du *Figaro magazine* contre le fait qu'un «ministre de la République prénomme sa fille Zohra[1]», patronyme insuffisamment gaulois à son goût. Comment Rachida Dati, alors garde des Sceaux et gardienne des valeurs républicaines, a-t-elle pu oser donner un prénom aussi vulgaire à son enfant? Et, puisqu'on y est, posons les vraies questions: qu'est-ce que c'est que ces ministres qui s'appellent Rachida ou Fadela? Peut-on sérieusement prétendre représenter la France avec de pareils patronymes? Si ça ne tenait qu'à lui, tous les enfants seraient baptisés «François» ou «Marianne». Ou Giulia, comme la fille du président de la République.

---

1 Éric Zemmour, «Paris comme Gaza ?», *Le Figaro magazine*, 10 janvier 2009.

Notre quotidien donne en partie raison à ces vociférations, les prénoms à consonance « exotique » n'apparaissent pas dans l'espace public comme étant la « norme ». Si les diverses babioles nominatives que l'on retrouve sur les aires d'autoroute (bols, cartes, etc.) mettent à l'honneur les Kevin et autres Mattéo, il est impossible d'offrir un bol personnalisé à un petit Mohamed. Pourtant « Mohamed, ce n'est pas Kevin, déjà passé de mode. Mohamed, c'est un prénom d'une régularité irréprochable, chaque année dans le top 50 français (41e en 2006, 49e en 2005, 46e en 2004...)[2]. C'est même le prénom le plus donné en Seine-Saint-Denis, le 20e dans les Bouches-du-Rhône, le 9e à Paris[3] ».

N'en déplaise aux réactionnaires, les Français ne portent plus seulement des noms qui fleurent bon le terroir. Bientôt, plus personne ne se souviendra du fait que Mohamed n'est pas un prénom « gaulois ». Au fait, ça ne serait pas un peu germanique, Éric ?

Qu'elle était belle l'époque où le superhéros français s'appelait Super Dupont ! Avec son béret et sa baguette, on n'avait pas besoin de se creuser les méninges pour comprendre que ce héros était « bien d'chez nous » ! Hélas le monde des justiciers masqués est aussi ébranlé par le renouveau des troupes ! Savez-vous comment s'appelle Nightrunner, le dernier acolyte français que l'éditeur DC Comics a associé à Batman ? Bilal Asselah ! Oui vous avez bien lu. Ce jeune héros qui bondit d'immeuble en immeuble est musulman, d'origine algérienne et vient de Clichy-sous-Bois. Tout fout le camp !

L'auteur, le Britannique David Hine, a eu cette idée en songeant aux révoltes des banlieues populaires qui avaient démarré à Clichy-sous-Bois en 2005 et dont l'écho médiatique

---

2 Michaël Hajdenberg, « Vous vous appelez Mohamed ? Pas de bol », Mediapart, 20 août 2009.
3 Huffington Post, « Et si Mohamed était le nouveau prénom à la mode ? » 02 décembre 2014.

avait eu une importante résonance dans les pays anglo-saxons. Hine a souhaité faire éclore de cette révolte un personnage positif, bien ancré dans la réalité française. Une manière pour lui de dépoussiérer l'image de la vieille Europe en mettant en scène une nouvelle génération de héros, tout aussi légitimes dans la volonté de défendre la justice contre les méchants (qui ne sont donc pas les musulmans, on l'aura compris).

3. Les Français ne parlent plus (très bien) français

« *Mais franch'ment, par moments, on s'demande c'est à quoi ça leur a servi toutes ces années pour avoir autant de mauvais sens ! [...] Si y en a que ça les démange d'augmenter les impôts, ils oublient qu'on est dans une compétition*[1]. » On imagine aisément ces propos tout droit sortis de la bouche du candidat décérébré d'une émission de téléréalité. Détrompez-vous, ils émanent de la plus haute sphère de notre démocratie : ce sont les termes de notre président de la République, Nicolas Sarkozy. À leur lecture, les discours érudits du général de Gaulle et le verbe distingué de François Mitterrand sonnent tels les dialogues d'une pièce antique jouée à une époque qui paraît bien lointaine... En 2007 déjà, l'élection présidentielle opposait une candidate qui vantait les mérites de la «*bravitude*» au futur président qui allait s'illustrer d'un élégant «casse-toi pauv' con» balancé à l'adresse d'un citoyen.

Nous ne pouvons décidément plus compter sur nos élites pour perpétuer la tradition linguistique française. Et pourtant, ce n'est pas faute d'efforts! Rares sont les pays qui déploient une telle énergie pour défendre leur langue. Forte de sa francophonie – système unique au monde – la France a

---

1 Lors d'un discours devant des ouvriers d'Alstom, dans le Doubs, le 17 mars 2009.

créé un impressionnant nombre d'organismes dont le but est d'entretenir et d'assurer «la défense et l'expansion de la langue»: l'Académie française, qui décide de l'usage des mots justes, le Haut Comité pour la défense et l'expansion de la langue française, destiné à encourager l'usage du français, la Société française de terminologie, qui collabore avec l'Office québécois de la langue française et le Service de la langue française de la Communauté française de Belgique, ou encore l'Organisation internationale de la francophonie, chargée de défendre la position internationale du français.

La langue de Molière dispose d'une véritable armée dédiée à la sauvegarde de son intégrité. Cette intensive politique de promotion de la langue, née avec l'expansion coloniale, s'est largement déployée autour de la conception d'un «rayonnement» de la langue et de la culture françaises, et s'exprime aujourd'hui dans l'idée de l'existence d'une «exception culturelle française».

La législation s'est même organisée pour lutter contre la possible américanisation de la langue, notamment à travers la «loi Toubon» de 1994, qui est la première à imposer de manière explicite le français comme seule langue de la République.

Malgré cet acharnement, le français résiste péniblement aux assauts mondialistes de la langue anglaise. Et de fait il ne survit que grâce aux efforts des étrangers! En effet, la plupart des locuteurs francophones sont des Africains: près de la moitié des 220 millions de francophones du monde vivent sur le continent africain, et cette proportion ne cesse d'augmenter. Ce n'est pas en France mais en république démocratique du Congo que l'on retrouve le plus grand nombre de francophones. Dans les universités du monde, les étudiants en littérature francophone décortiquent minutieusement l'œuvre de Fatou Diome, née au Sénégal, l'écrivain congolais Alain Mabanckou enseigne les subtilités de la littérature francophone à Los Angeles, tandis que feue l'Algérienne Assia Djebar était une des rares femmes qui siègent à la prestigieuse Académie française.

Il est évident que la langue française devra son salut à l'autre côté de la Méditerranée.

4. Les Français ne sont plus (très) catholiques

« Les musulmans, vous êtes allés les voir ? Vous les avez regardés avec leurs turbans et leurs djellabas ? Vous voyez bien que ce ne sont pas des Français[1] *!»* Non, cette déclaration n'est pas celle d'un Dupont-Lajoie exaspéré par ses exotiques voisins, c'est le regard délicat que portait l'illustre général de Gaulle sur ses concitoyens musulmans. Selon lui, ceux-ci n'avaient aucunement vocation à «s'intégrer» dans sa douce France : *«Ceux qui prônent l'intégration ont une cervelle de colibri, même s'ils sont très savants. Essayez d'intégrer de l'huile et du vinaigre. Agitez la bouteille. Au bout d'un moment, ils se sépareront de nouveau. Les Arabes sont des Arabes, les Français sont des Français. Vous croyez que le corps français peut absorber 10 millions de musulmans, qui demain seront 20 millions et après-demain quarante ? [...] Mon village ne s'appellerait plus Colombey-les-Deux-Églises, mais Colombey-les-Deux-Mosquées*[2] *!»*

Et pourtant ! Alors que les églises sont désertées par les fidèles, il est devenu indispensable de recruter des prêtres venus d'Afrique, faute de vocations françaises : c'est un fait, la religion catholique décline lentement mais sûrement. Ceux qui rêvent encore de la France terre du «blanc manteau de l'église»

---

1 Conversation entre de Gaulle et Alain Peyrefitte, le 5 mars 1959, suite aux événements d'Algérie. Dans Alain Peyrefitte, *op. cit.*

2 Ibid.

feraient mieux de se rendormir (ou de se réveiller ?). Et comme si le temps s'était arrêté, il se trouve encore aujourd'hui - plus de cinquante ans après la déclaration du Général de Gaulle, - des chroniqueurs qui revendiquent l'actualité de ces propos [3].

Nos élites qui n'ont de cesse de chercher à définir la fameuse identité nationale, revendiquent «deux mille ans de christianisme», comme pour conjurer l'évidence : les mosquées ont davantage la cote auprès des jeunes. Et c'est bien cet engouement des nouvelles générations pour la religion de l'ancien ennemi mahométan qui fait trembler les détracteurs d'une «islamisation» qui gangrènerait la France. Leur inquiétude est telle, que l'on peut se demander s'ils n'ont pas lu une version du Coran réécrite par Attila. Convaincus que toutes les pratiques religieuses des musulmans sont politiques, ils voient derrière chaque femme qui porte un foulard une djihadiste en puissance dont l'unique objectif serait le renversement de la République, et dans chaque barbu un oppresseur de femmes, polygame et homophobe, qui égorgerait sans doute d'une seule traite toutes les têtes qui dépassent si seulement il en avait le droit. Dieu merci, la République dispose encore d'un arsenal législatif laïc pour les protéger de ces sauvages. C'est d'ailleurs dans cette optique qu'ils invoquent cette notion de laïcité, la manipulant dans tous les sens pour empêcher les musulmans de trop afficher leur islamité. Tentatives vaines puisque l'islam, deuxième religion de notre pays, progresse quant à lui à une vitesse fulgurante, faisant de la France le pays qui compte le plus de musulmans en Europe.

Les musulmans de France, en moyenne plus jeunes que le reste de la population, tendent à avoir un taux de fécondité supérieur, ce qui laisse augurer une forte expansion de la

---

3   Eric Zemmour – i>télé – «ça se dispute» 13 mars 2007

religion dans les années à venir. À ce rythme, la France pourra bientôt prétendre à un siège auprès des 57 pays qui composent l'Organisation de la coopération islamique! (Ce paragraphe ayant été pris au premier degré par un philosophe me citant comme le Cheval de Troie de l'islam politique, je précise à la destination de ce grincheux vraisemblablement dépourvu d'humour que mon projet n'est aucunement de transformer la France se transformer en une théocratie islamique).

5. Les Français n'ont plus (autant) d'idées

Où sont les Français parmi les intellectuels qui brillent sur la scène mondiale?

Les philosophes des «Lumières», dont on aime oublier que beaucoup se sont enrichis grâce au commerce d'esclaves, sont à l'origine d'un siècle qui avait placé la France au cœur du débat intellectuel. Cette dynamique s'est poursuivie, trouvant des héritiers de renom dans les siècles suivants. Mais comme le carrosse de Cendrillon, les vaillants penseurs sont devenus de pauvres citrouilles: les brillants Jean-Paul Sartre qui révolutionnaient la philosophie internationale se sont mus en piètres Bernard-Henri Lévy, plus connu pour ses chemises immaculées et ses citations de philosophes fictifs que pour sa contribution à la pensée philosophique.

Les féministes du monde entier se sont approprié la fameuse maxime de Simone de Beauvoir, considérée comme la fondatrice du féminisme moderne: «On ne naît pas femme, on le devient.» Que s'est-il passé depuis dans l'université française? Hélas pas grand-chose e et ce n'est pourtant pas faute de brillantes intellectuelles telles Christine Delphy.

Aux États-Unis, les théories de Beauvoir ont donné naissance aux *gender studies*, courant qui, non content d'interroger les notions de genre, a insufflé un véritable renouveau à la pensée féministe. Si cette mouvance a fait des émules et se trouve largement enseignée dans les universités américaines, elle peine à se faire une place dans les programmes français.

Bien d'autres sujets modernes, épousant les évolutions de notre société, ne trouvent pas non plus droit de cité parmi nos disciplines universitaires.

Qui connaît Frantz Fanon en France ? Ce psychiatre et essayiste martiniquais et algérien est pourtant un des pères fondateurs de la pensée anticolonialiste, inspirateur de nombreux mouvements d'émancipation en Afrique et auprès des Afro-Américains. Régulièrement cité de l'autre côté de l'Atlantique, celui qui figure parmi nos plus illustres penseurs est encore trop peu dans sa patrie d'origine. Ses idées, qui ont largement participé à la construction de la réflexion sur le fait minoritaire, et en particulier la question noire, n'ont pas non plus obtenu une juste légitimation dans les cercles intellectuels français. Notre pays s'honorerait pourtant s'il reconnaissait cette contribution essentielle, il s'offrirait également une belle occasion de renouer avec une pensée dont il était le précurseur.

Durant la première moitié du XXᵉ siècle, les Afro-Américains fuyaient les oppressions intolérables de leur pays pour savourer la liberté offerte par Paris. Les cafés de Saint-Germain-des-Prés étaient le refuge des idées les plus novatrices, et l'on y croisait intellectuels blancs et noirs. Depuis, le flux s'est inversé, il n'est pas rare de voir des Français non blancs, surdiplômés, quitter la France pour tenter leur chance outre-Manche ou outre-Atlantique, las d'envoyer des CV qui restent sans réponse. Il est loin le temps où Paris était le refuge des opprimés !

Sur le plan musical, une grande inventivité s'exprime dans les quartiers populaires, en particulier à travers le hip-hop dont les Français sont friands. Mais la qualité de cette production est encore trop souvent contestée par les tenants de la culture «officielle», qui ne voient dans le rap qu'un «jargon sinistre[1]». Il leur est inconcevable d'imaginer qu'il soit le genre musical préféré des jeunes Français, l'idée même les fait frémir! À voir toute la jeunesse, l'avenir de la France, se déhancher sur les vociférations de caïds des cités, Ravel et Debussy doivent se retourner dans leur tombe, pensent-ils!

La création cinématographique française sort timidement du lot face au rouleau compresseur américain et aux réalisateurs inventifs des quatre coins du monde. Ce n'est sans doute pas un hasard si les deux dernières Palme d'or remportée par la France à Cannes, en 2008, et en 2016, ont récompensé des films[2] dont les réalisateurs avaient su miser sur ce qui fait aujourd'hui l'identité «nationale» ou des personnages aux parcours et origines diverses. Et celle obtenue en 2013[3] a été remise à un réalisateur lui même porteur d'une double appartenance nationale. À bon entendeur!

6. Les Français ne mangent plus (seulement) leur jambon-beurre

Depuis des années, le couscous figure parmi les plats préférés des Français[4], il se situe dans l'ordre de préférence juste derrière la bien franchouillarde blanquette de veau. Plus drôle,

---

1 Alain Finkielkraut, dans l'émission «Esprits libres» sur France 2, le 6 avril 2007. Je lui recommande de jeter un œil sur les textes d'Oxmo Puccino ou du slameur Souleymane Diamanka.

2 *Entre les murs*, de Laurent Cantet et *Dheepan* de Jacques Audiard.

3 *La Vie d'Adèle* d'Abdellatif Kechiche.

4 Enquête TNS- SOFRES, août 2011.

le couscous arrive en tête parmi les sympathisants de l'UMP! Une belle réponse à tous les débats sur l'identité nationale convoqués par l'UMP.

Les habitudes alimentaires évoluant, les parents pestent contre les jeunes générations ne jurant que par ces fast-foods qui ont aussi popularisé d'étranges rituels alimentaires au grand dam des puristes de la restauration traditionnelle.

Dans les quartiers populaires, la restauration spécialisée dans les sandwiches kebab a connu une expansion spectaculaire pour s'installer durablement dans le paysage. Ces sandwichs, dont on ne sait plus s'ils sont «grecs» ou «turcs», sont prisés par une jeunesse bigarrée, qui ne fait pas de manières pour les empoigner à mains nues et les consommer assaisonnés de sauces «américaines», «samouraï» ou «harissa» dont les noms aussi invraisemblables qu'exogènes agressent les délicates oreilles des défenseurs de nos traditions gastronomiques.

Pire encore, la variété des horizons culturels dont sont issus les Français du XXIe siècle se traduisent par des usages alimentaires qui heurtent celles et ceux qui craignent la dilution de traditions millénaires. Si les années 1980 ont vu le développement de l'alimentation *casher*, ces dernières années ont connu l'explosion de la consommation de la nourriture *halal*, au prix de nombreuses controverses. Ainsi a-t-on vu un maire s'ériger en héraut de la défense du fast-food «laïc», en tentant de faire interdire la transformation de l'un d'eux en enseigne halal. À ce jour en France, les entreprises privées sont tout à fait libres de déterminer quels sont les besoins de leur clientèle, les maires ne sont pas censés dicter aux restaurants qui s'installent dans leurs villes la façon dont ils doivent concevoir leurs cartes. Est-ce que l'on verra un jour un maire carnivore s'ériger contre l'expansion des restaurants végétariens ou bio? Et après tout, si certains endroits concentrent une large proportion de musulmans, souvent ghettoïsés dans les quartiers les plus défavorisés, la responsabilité n'incombe-t-elle pas aux politiques de relégation qui se poursuivent depuis des décennies?

Les modes de consommation alimentaires évoluent, même l'hégémonie des fast-foods américains a dû se contorsionner pour s'adapter aux normes halal requises par certains musulmans... de quoi perdre son latin!

La France bouge, cela donne lieu à des mélanges parfois inattendus. La boulangère de mon quartier est voilée et je peux vous assurer que son foulard musulman ne l'empêche pas de servir de délicieuses baguettes, bien françaises[1].

7. La France n'est plus (franchement) le centre du monde

Au XIXᵉ siècle, la France était au centre d'un monde qu'elle dominait du haut de son imposant empire colonial, et la langue française, non contente d'être la langue de la diplomatie, était aussi celle que prisait l'aristocratie et que l'on entendait dans toutes les cours d'Europe. La France était alors LE pays de référence. Bien des choses ont changé depuis.

En 2005 lorsque les révoltes des quartiers populaires ont éclaté dans les banlieues françaises à la suite de la mort brutale de deux adolescents, la France s'est à nouveau trouvée au centre de l'attention. À grand renfort de sensationnalisme, les journaux télévisés internationaux consacraient leurs gros titres à une France en flammes. Pour étayer leurs constats catastrophistes,

---

1 D'ailleurs en 2010 le roi de la baguette parisienne se nommait Djibril Bodian, lauréat du Grand Prix de la baguette de la Ville de Paris.

les plus grands médias présentaient des visions de la France faisant peu cas de la précision géographique. Ainsi CNN présentait une carte de France qui situait Strasbourg quelque part en Allemagne, Toulouse en Suisse, et Lyon à Clermont-Ferrand! En 2011, CNN réitérait en plaçant sur une carte la ville de Cannes en Espagne!

La France apparaissait ainsi comme un pays aux contours flous, situé quelque part en Europe et dont la spécificité ne réside plus guère que dans ses folkloriques béret et baguette. *Le Dictionnaire des personnages du cinéma* ne s'y trompe pas, sa définition du «Français» tel que le voit le cinéma américain est savoureuse: «Peuplade d'outre-Atlantique, parfois sanguinaire, qui zozote et roule les r^2.»

Dans le concert des nations, la France est devenue une puissance «moyenne», loin de la nation fière et conquérante qu'elle était autrefois – bien qu'à l'origine de la Déclaration des droits de l'homme et du citoyen, en 1789, notre pays ait eu grand peine à se séparer de ses colonies, dont la possession entrait pourtant en totale contradiction avec les principes républicains.

Dépouillée de ce qu'elle considérait comme ses richesses, la France a dû apprendre rapidement à se faire à sa nouvelle stature. Mais elle ne se laisse pas abattre.

De nos jours, les discours politiques alimentent encore l'idée selon laquelle la France serait un pays singulier, porteur d'une mission particulière relative aux droits de l'homme occupant une position à part, la fameuse «exception française».

---

2 Gilles Horvilleur (dir.), *Dictionnaire des personnages de cinéma*, Bordas, 1988.

Dans La *France multiculturelle*[1], Patrick Singaïny rebaptise le Siècle des Lumières, dont la France s'est toujours glorifiée, le «Siècle des Ténèbres». Il pointe ainsi le paradoxe d'une époque où des philosophes «éclairés» produisaient les idées les plus lumineuses quant à l'émancipation des humains, tout en assistant au commerce et à la déportation des esclaves africains, qu'ils ne dénonçaient que très timidement quand ils n'en tiraient pas leurs revenus.

La double appréhension possible de ce siècle dévastateur explique pourquoi la lecture de l'histoire de France proposée, bien trop souvent univoque, ne peut convenir à tous les Français.

Or on confère une telle valeur à la francité qu'il est parfois insupportable de l'imaginer cohabiter avec d'autres appartenances.

C'est ainsi que l'on a vu ressurgir dernièrement le vieux fantôme de la binationalité : en juin 2011, des élus issus de la «droite populaire», l'aile droite de l'UMP, portés par le député Lionnel Luca, ont proposé la suppression de la binationalité.

L'appartenance à la nation française serait si importante qu'elle ne pourrait être entachée par la reconnaissance d'une autre citoyenneté.

On se souvient d'ailleurs des réactions indignées qu'avaient provoqué les Français qui avaient osé exhiber des drapeaux algériens dans les rues françaises au lendemain d'une victoire de l'équipe de football d'Algérie, comme si l'on ne pouvait pas être à la fois français et algérien, comme si tout autre sentiment

---

1 Edgar Morin, Patrick Singaïny (dir.), *La France multiculturelle. Lettres aux citoyens de France*, Fayard, 2012.

d'appartenance constituait nécessairement une menace pour la paisible République.

Comment est-il possible que l'on aborde des problématiques si rétrogrades au XXIe siècle, où les humains migrent et se rencontrent, où ils établissent de plus en plus souvent leur vie dans un pays qui n'est pas celui dans lequel ils sont nés ? Cette conception de la nationalité, en totale contradiction avec la dynamique des mouvements humains, n'a sans doute aucun avenir.

Plus fort encore, Jean-François Copé, responsable de l'UMP, a proposé que les Français fraîchement naturalisés, prêtent « allégeance aux armes » pour prouver leur loyauté envers la France. Cette conception de la France, résumée à son activité militaire, valorise une approche belliqueuse d'une identité que l'on rêverait plus ouverte.

La France n'est plus le centre du monde, les gens s'y établissent, la quittent, y transitent, et peuvent en adopter la citoyenneté qu'ils accolent ou non à d'autres. Et ce n'est pas un drame.

8. La France n'est pas (exactement) un hexagone

Si la France n'est plus au centre de la considération et des attentions internationales, il est capital qu'elle prenne conscience d'elle-même et de son étendue.

La bonne connaissance de la situation géographique de la France n'étant vraisemblablement pas un impératif pour être journaliste de la plus importante chaîne d'information internationale, il n'est pas non plus certain que les Français soient eux-mêmes très au fait de la géographie de leur pays.

Contrairement aux idées reçues, notre pays n'est pas «l'Hexagone» que décrivait la chanson populaire des années 1970[1], sa cartographie est complexe. L'histoire d'abord esclavagiste, puis coloniale de la France a laissé plusieurs territoires «d'outre-mer» en héritage. Et les Français qui peuvent se vanter de les situer précisément sur une carte sont rares. Lorsqu'on demande à quelqu'un de placer La Réunion sur une carte, il est courant d'obtenir une réponse orientée vers les Caraïbes.

Plus inquiétant, ces territoires, éloignés des mémoires et de la vision de la majorité du fait de leur distance avec l'ancienne métropole, sont souvent ignorés des politiques. Régulièrement, l'actualité des outre-mer nous rappelle à quel point leurs préoccupations sont reléguées au second plan. Il a fallu quelques années avant que les médias nationaux relaient les informations relatives à l'épidémie du chikungunya qui sévissait sur l'île de La Réunion. L'intérêt pour cette infection tropicale ne s'est manifesté qu'au moment où l'on a craint une contagion hexagonale. Que des Réunionnais risquent leur vie à cause d'une maladie tropicale c'est acceptable, voire normal, mais vous imaginez la Côte d'Azur contaminée? À croire que les problèmes des populations ultramarines ne concernent la majorité que lorsqu'ils l'affectent également.

De la même manière, les mouvements sociaux qui ont paralysé la Guadeloupe en 2009 et secoué l'ensemble des outre-mer français n'ont été que tardivement relayés dans les médias hexagonaux. Le président de la République, pourtant prompt à faire physiquement front à toutes les crises, avait décidé

---

1 Renaud, *Hexagone*, 1975.

de ne pas se rendre sur place. Durant la crise, un sondage insidieux demandait aux Français s'ils étaient favorables à l'indépendance de la Guadeloupe, sous-entendant que ce territoire était détachable de la République, simple accessoire dont on pourrait se débarrasser s'il devenait trop encombrant. Lorsque les pêcheurs bretons s'insurgent contre leur situation sociale, demande-t-on aux Français s'ils souhaitent que l'on se défasse de la Bretagne ? S'il est tout à fait légitime de poser la question de l'autonomie ou de l'indépendance, c'est aux principaux intéressés que l'on doit s'adresser.

2011 était l'année des outre-mer, qui s'en est aperçu ? Sans doute pas grand monde. Pourtant, cette année a été ponctuée de nombreuses polémiques : le ministère de l'Outre-Mer avait prévu de regrouper au Jardin d'Acclimatation différentes populations ultramarines. Le choix du lieu était pour le moins malheureux : c'était là qu'étaient exhibés au temps de la colonisation les populations dites « sauvages » – le grand-père du footballeur Christian Karembeu, tel un animal, y a été montré à la population parisienne au milieu d'autres Kanaks.

Plusieurs élus de Guyane se sont déclarés offensés de cette programmation et du choix de ce lieu symbolique à la suite de l'émotion de nombreux Amérindiens kaliña pour qui « le Jardin d'Acclimatation, est un "jardin colonial" ». Marie-Luce Penchard, ministre des Outre-Mer, qui visiblement n'a pas saisi le problème, a réagi de manière consternante, déclarant que *« l'année des outre-mer ne [devait] pas être l'occasion pour que chacun puisse interpréter l'Histoire »*, et assimilant ces critiques à une *« opération de destruction »*. Ce n'est pas de la repentance mais la reconnaissance de la mémoire meurtrie de certains de nos concitoyens dont il s'agissait. Comment valoriser le patrimoine ultramarin si on l'ignore ? Devant l'émotion, le président du conseil régional de Guyane a signé avec des chefs coutumiers kaliña une motion demandant le respect du passé et des «obligations de la France en matière des droits des peuples autochtones». Celle-ci comporte plusieurs points, par exemple le fait qu'un monument et une plaque commémorative soient installés dans le Jardin. C'est un pas, mais la France n'a toujours pas de musée de l'esclavage, de la colonisation ou des mondes ultramarins. Pourtant, le préambule de la Constitution de 1946, inclus dans notre actuelle Constitution, déclare : *«La France forme avec les peuples d'outre-mer une Union fondée sur l'égalité des droits et des devoirs, sans distinction de race ni de religion.»* À bon entendeur !

Si la France n'est plus le centre du monde, elle se doit au moins de reconnaître tous ses citoyens de manière égale.

9. La France ne chante pas (uniquement) *La Marseillaise*

Régulièrement, le texte de notre hymne national, *La Marseillaise*, est pointé du doigt. On peut comprendre les remises en cause d'un chant dont le refrain belliqueux invite les citoyens à prendre les armes pour verser un «sang impur» de manière si abondante qu'il «abreuve[rait] nos sillons». Il n'est pas étonnant que des plumes illustres se soient aventurées dans la réécriture de ce texte dont la trame s'apparente davantage à un film d'horreur qu'à la célébration d'une histoire commune positive. Hier Alphonse de Lamartine et Victor Hugo, plus près de nous Serge Gainsbourg et Yannick Noah, ils sont nombreux à avoir tenté de rendre l'hymne national plus sympathique.

Mais *La Marseillaise* c'est sacré, et l'on n'y touche pas comme ça. Depuis 2003, l'État a instauré le délit d'outrage aux symboles nationaux, qui punit quiconque ose manquer de respect à ce chant guerrier.

Les menaces de rétorsion ne pèsent pas uniquement sur celles et ceux qui auraient la mauvaise idée de s'en prendre à nos sacro-saints emblèmes nationaux, d'autres formes d'expression artistique sont dans la ligne de mire, les rappeurs se situant en première ligne.

Si l'on considère sa production et sa consommation, la France est la deuxième nation du hip-hop dans le monde, derrière sa patrie d'origine, les États-Unis. Ici, l'influence du « rap conscient » a engendré une musique contestataire, qui souvent exprime avec un vocabulaire cru et une certaine irrévérence les malaises qui traversent notre société. Ce qui n'est pas toujours bien vu de nos élites politiques, qui semblent décidément n'y rien comprendre.

En 2005, après les révoltes des quartiers populaires, 200 députés ont déposé une plainte auprès du ministère de la Justice pour sanctionner les groupes de rap dont les textes, très critiques envers la République, portaient selon eux atteinte à « la dignité de la France et de l'État ». Un député[1], choqué par « certains groupes de musique rap issus de l'immigration », estimant que leurs textes « bafouent les valeurs fondamentales de respect et de liberté qui fondent notre démocratie », a osé demander au ministre de la Culture de « censurer ces chansons » (parce qu'il est entendu que les groupes non « issus de l'immigration » fredonnent du rap gentil et respectueux). Cette disproportion questionne, dans la mesure où des générations de chanteurs français ont, avant eux, fredonné des vers qui ne témoignaient pas d'une grande tendresse envers

---

1 Michel Raison, député UMP de la Haute-Saône, en juillet 2011.

notre douce France. Renaud, Brassens, Ferré ne se sont pas privés d'exprimer de manière virulente leur défiance envers les institutions figées de la République.

Il semblerait que certains chanteurs soient plus légitimes que d'autres pour tenir ce type de discours.

Qui a dit que la musique française ne plaisait plus aux étrangers ? Certes les figures artistiques d'envergure transnationale comme Édith Piaf se font rares, mais quelques artistes sont parvenus à se faire une place sur la scène internationale. Et la musique française qui marche n'est pas celle que nous vendent les tenants d'une « identité nationale » caricaturale.

Largement en tête des rares artistes qui remplissent des salles de concerts hors de France figurent les Gitans des Gipsy Kings et les Antillais de Kassav'. Ces derniers, malgré leur exceptionnelle longévité (le groupe est presque quadragénaire !) continuent à déplacer des foules qui remplissent le Zénith plusieurs soirs d'affilée pour les voir chanter. En 2009, ceux qui sont considérés comme les créateurs du zouk étaient ainsi le premier groupe français à remplir le Stade de France ! Par ailleurs, ils peuvent se vanter d'être le groupe français ayant vendu le plus grand nombre de disques dans le monde[1]. Malgré ce succès phénoménal, ils sont boudés par les médias hexagonaux qui, au mieux, les observent comme d'amusants artistes exotiques, le zouk n'étant à leurs yeux qu'un genre mineur.

Les Gipsy Kings sont quant à eux le premier groupe français à avoir décroché un disque d'or aux États-Unis.

---

1 Daniel Lieuze, « Culture buissonnière : Kassav' », RFI, le 8 août 2011.

10. Le Français n'aime plus (seulement) les blondes

L'entrée de la France dans le nouveau millénaire fut saluée par la première élection d'une Miss France d'origine africaine. En 2000, le visage de la France était celui de la métisse née au Rwanda Sonia Rolland. Cela n'a pas plu à tout le monde, l'ancienne Miss raconte qu'elle-même a reçu un nombre important de courriers hostiles à l'idée qu'une femme à la peau sombre puisse incarner la France[2]. Cependant d'autres Miss non blanches lui ont succédé.

C'était un premier pas, mais la nomination en 2010 d'une Miss prénommée Malika relance la machine à animosités. D'abord soupçonnée par les médias d'être une «Beurette», Malika Ménard doit se justifier en expliquant que ses parents sont des Français. Les journalistes corrigent leur bévue de bien curieuse manière: *«En dépit d'un prénom arabe, Malika Ménard est "100% française", contrairement aux premières informations qui nous sont parvenues[3].»* Ouf, on a eu peur, l'identité nationale est saine et sauve!

La position de la France comme carrefour migratoire affecte de manière visible les choix matrimoniaux de ses habitants. Une étude réalisée par TeO, l'INED et l'INSEE, datée de 2010, montre que 65% des descendants d'immigrés se marient avec des Français dits «de souche», à savoir d'origine française. Rares sont ceux qui choisissent de s'unir à un conjoint issu du même courant migratoire (9%), *«ce qui témoigne du degré de diversité culturelle dans lequel les enfants d'immigrés grandissent*

---

2 Sonia Rolland, *Les gazelles n'ont pas peur du noir. De l'enfer à la lumière, la jeune vie d'une insoumise*, Michel Lafon, 2007.

3 Emmanuel Berretta, «Miss France 2010 mobilise quatre téléspectateurs sur dix», *Le Point*, 6 décembre 2009.

et rencontrent leur conjoint [1]», soulignent les chercheurs. Ce sont donc les enfants d'immigrés qui sont les moteurs du mélange et de ce que l'on définit comme le «métissage». La réalité des pratiques matrimoniales met en évidence une chose: les «communautaristes» ne sont pas ceux que l'on croit.

La «douce France» chantée par Charles Trenet a mué dans la reprise entonnée quarante ans plus tard par Rachid Taha avec son groupe au nom évocateur, Carte de séjour.

Notre pays est en mouvement, mouvement si rapide qu'il semble échapper à certaines de nos élites qui s'accrochent désespérément à un monde qui n'est plus.

Reconnaître que la France actuelle n'est plus celle des sempiternels ancêtres gaulois n'est pas une capitulation – nous ne sommes pas en guerre – c'est la seule option qui permettra à la France de survivre et d'exister dans ce monde en mutation où sa place de leader ne va plus de soi.

---

1 Cris Beauchemin, Christelle Hamel et Patrick Simon (dir.), *Trajectoires et origines. Enquête sur la diversité des populations en France*, documents de travail n° 168, INED, 2010, p. 92-93. http://www.ined.fr/fichier/t_publication/1516/publi_pdf1_dt168_teo.pdf.

Chapitre 2
La France, pays des droits de l'homme (blanc)

Non, il n'y a pas de droit des nations dites supérieures contre les nations inférieures. [...] N'essayons pas de revêtir la violence du nom hypocrite de civilisation. [...] La conquête que vous préconisez, c'est l'abus pur et simple de la force que donne la civilisation scientifique sur les civilisations rudimentaires pour s'approprier l'homme, le torturer, en extraire toute la force qui est en lui au profit du prétendu civilisateur. Ce n'est pas le droit, c'en est la négation. Parler à ce propos de civilisation, c'est joindre à la violence l'hypocrisie [1].

Georges Clemenceau

---

1 Georges Clemenceau, le 30 juillet 1885 à la Chambre des députés, en réponse à la déclaration de Jules Ferry du 28 juillet 1885 qui proclamait le droit « des races supérieures » de « civiliser les races inférieures ».

Ah, l'immigration! À peine prononcé, le mot déclenche la polémique! Entre les tenants de l'immigration zéro et ceux qui prônent la régularisation de tous les sans-papiers sans conditions – que j'ai tendance à rejoindre –, les débats sont vifs mais laissent trop peu place à la nuance.

Les termes «immigrés» et «étrangers» sont d'ailleurs souvent utilisés indifféremment alors même qu'ils ne sont pas synonymes, ce qui démontre que des précisions terminologiques ne seraient pas superflues.

Un étranger est une personne qui n'est pas ressortissante du pays dans lequel elle vit, alors qu'un immigré est un individu né dans un pays et installé dans un autre, dont il peut par ailleurs adopter la nationalité. On peut donc être à la fois immigré et français[1].

L'ancien ministre de l'Intérieur Claude Guéant était convaincu du fait que l'immigration serait telle, qu'elle serait de nature à modifier le fond de l'air français: «*Les Français ont le sentiment que les flux [migratoires] non maîtrisés changent leur environnement. Ils ne sont pas xénophobes. Ils veulent que la France reste la France[2].*» N'est-ce pas légèrement exagéré?

D'autres pays, comme les États-Unis, bien qu'ils connaissent eux aussi les tourments des débats hostiles à l'immigration[3], ont fait de ses apports une part structurelle de leur identité. Alors qu'en France, son acceptation comme partie

---

1   Deux millions d'immigrés sont de nationalité française selon le rapport de Catherine Borrel, *INSEE Première*, n° 1098 : «Enquêtes annuelles de recensement 2004 et 2005», août 2006.

2   Yves Bordenave, Arnaud Leparmentier et Élise Vincent, entretien avec Claude Guéant, *Le Monde*, 16 mars 2011.

3   La barrière physique construite entre le Mexique et les États-Unis, entérinée en 2006 par le vote du «Secure Fence Act» par le Congrès américain en témoigne.

prenante de l'identité collective est loin d'être une évidence[4].

Les États-Unis se conçoivent comme une terre enrichie par les mouvements migratoires, quand la France se pense comme un refuge assimilationniste, pourvoyeur d'une nouvelle identité submergeant toute autre appartenance.

En France, lorsqu'on parle d'immigration, c'est souvent pour en désigner une bien particulière, celle qui émane des pays les plus pauvres, en particulier des anciennes colonies. Mais pas seulement. Les personnes originaires de Turquie, qui ne compte pas parmi les anciennes colonies françaises, sont assimilées aux «musulmans» autrefois colonisés.

Les immigrés européens ou nord-américains ne sont jamais visés par les discours de rejet, et leurs enfants ne font pas l'objet d'une désignation qui les enferme dans une identité liée aux origines de leurs parents. Si les médias parlent volontiers de tel délinquant «d'origine algérienne», il est beaucoup plus rare d'entendre dire que telle personnalité est d'origine italienne, belge... ou hongroise comme le président de la République. Et pourtant, leur nombre est significatif.

Une ligne invisible semble avoir été tracée pour séparer les «bons» étrangers, bienvenus en France, des autres, issus de mondes moins «civilisés», source de nuisances. Frontière sans doute alimentée par le fait que les immigrés provenant de pays appartenant à l'Union européenne jouissent d'un traitement juridique spécifique, qui les distingue des immigrés non communautaires.

Si l'on considère l'espace occupé par le thème de l'immigration dans les différentes discussions et polémiques

---

4 Voir Esther Benbassa, *De l'impossibilité de devenir français*, Les liens qui libèrent, 2012.

médiatico-politiques, on peut croire que le nombre d'étrangers ne cesse d'augmenter.

Pourtant, depuis trente ans, le nombre d'étrangers est resté proportionnellement stable, il n'y en a pas plus aujourd'hui qu'hier. L'impression contraire naît de l'amalgame qui est fait entre les immigrés et leurs enfants, que l'on désigne désormais comme «issus de l'immigration» comme s'il s'agissait d'un statut juridique, et ce indépendamment de leur nationalité réelle. Dans l'espace public, la visibilité accrue des enfants et petits-enfants (voire arrière-petits-enfants) d'immigrés provenant en particulier du Maghreb et d'Afrique subsaharienne donne l'illusion d'une forte augmentation du nombre d'étrangers, alors que la plupart de ces descendants d'immigrés sont français. Parce qu'il y a encore des gens qui associent le fait d'être français avec celui d'avoir la peau (bien) blanche. Le vrai débat porte sur la capacité de notre imaginaire collectif à intégrer l'idée d'une France plurielle, dont les citoyens ont des couleurs de peau variées, des religions diverses et parfois des appartenances nationales multiples.

Les problèmes avec «l'immigration» ne datent pas d'hier

Les commentateurs «autorisés» tels Alain Finkielkraut[1] ne semblent pas se lasser d'entendre nos responsables s'inquiéter des difficultés «d'intégration» des dernières vagues d'immigrés et de leur descendance, contrairement à leurs prédécesseurs européens, dont on aime dire qu'ils se sont assimilés sans problèmes à la population française du fait de leur culture «chrétienne» réputée plus proche.

---

1 Alain Finkielkraut, *Qu'est-ce que la France* ? sous la direction d'Alain Finkielkraut, Éditions Stock, Éditions du Panama, 2007.

C'est une relecture pour le moins orientée de l'Histoire. Il suffit de s'y plonger pour le constater, les travaux des historiens démontrent que le processus d'acceptation de ces vagues d'immigrés est loin d'avoir été une évidence.

« Quelle est l'aptitude de l'immigrant polonais à s'assimiler ? La réponse est nette : aucune, quant au présent du moins ; j'ai dit plus haut que le Polonais ne recherchait pas la compagnie de l'ouvrier français[2]*»*, déplorait un préfet en 1929. Si l'on remplaçait «Polonais» par «musulmans», on ne serait plus dans les années 1920 mais au XXIe siècle, tant ce discours ressemble à ceux que l'on entend aujourd'hui.

Dans les années 1930, les étrangers sont nombreux mais vivent souvent isolés, relégués en périphérie des villes, dans des conditions déplorables. En réalité, la République ne s'organise aucunement pour faciliter leur «intégration». Ces Italiens, Polonais ou Espagnols sont parqués dans ce qui ressemble à des bidonvilles, que l'on raille en les rebaptisant «gadouevilles», voire «villages nègres», ce qui en ces temps coloniaux dit beaucoup de la considération accordée à ces travailleurs immigrés, dont l'activité se concentre dans le monde ouvrier.

À l'époque, la culture chrétienne ne bénéficie pas du regard bienveillant – et anachronique – que les nostalgiques de l'immigration blanche et européenne lui portent désormais. Au contraire, la pratique fervente qu'observaient les Polonais de la religion catholique n'était pas toujours bien perçue de leurs collègues, travailleurs plutôt éloignés de la pratique religieuse[3] du fait de la forte influence du Parti Communiste au sein de la classe ouvrière. Ceux-ci considéraient qu'ils étaient

---

2 Rapport du préfet du Pas-de-Calais au ministère de l'Intérieur du 11 octobre 1929, cité dans Janine Ponty, *Polonais méconnus. Histoire des travailleurs immigrés en France dans l'entre-deux-guerres*, Publications de la Sorbonne, 1988.

3 Source : Cité de l'immigration.

inassimilables en raison de cette culture et les surnommaient «calotins», moquant leur dévotion.

En 1931, les ressortissants de Pologne sont officiellement 500 000 en France et la crise fait rage. L'État retrouve alors des accents nationalistes exprimés dans la promotion du travail national : il expulse massivement des familles entières de Polonais. On est loin de l'harmonie vantée aujourd'hui par les détracteurs de l'immigration extra-européenne dont la mélancolie ne tient qu'à des idées reçues.

Pourtant, et malgré toutes ces embuches, leurs enfants se sont fondus dans la masse nationale. Leur sort n'a pas été celui des enfants et des petits-enfants de l'immigration postcoloniale qui semblent éternellement assignés à une identité étrangère. Conséquence indubitable d'une histoire coloniale mal digérée qui peine à reconnaître des citoyens parmi les descendants d'indigènes.

La France n'accueille pas «toute la misère du monde[1]»

Qui n'a pas été marqué par ces images d'aspirants à la migration embarqués par dizaines sur des barques dont la fragilité laisse deviner la motivation de leurs occupants ? Derrière ces images, la peur que les immigrés viennent en masse envahir les riches pays occidentaux. Ces dernières années la vue de milliers de migrants débarqués sur les plages de Lampedusa, en Italie, a provoqué de virulentes réactions de la part de plusieurs gouvernements européens (dont le nôtre), effrayés à l'idée d'un «déferlement» d'étrangers décrit comme malvenu.

---

1 Michel Rocard a déclaré en 1990 : «La France ne peut pas accueillir toute la misère du monde, mais elle doit en prendre fidèlement sa part.»

Le prisme qui saisit une telle évocation des questions migratoires alimente l'idée de flux unidirectionnels des pays pauvres du Sud vers les pays du Nord, qui peineraient à protéger leurs richesses de ces voraces étrangers.

Dès 1983, l'ancien président de la République Valéry Giscard d'Estaing précède le Front national, en créant le mythe de «l'appel d'air» qui serait occasionné par la régularisation des sans-papiers. Cette idée reste aujourd'hui savamment entretenue par les partisans de leur expulsion ou de leur maintien dans l'illégalité. Pourtant, le fait d'être en règle permet d'envisager un retour dans sa patrie d'origine, et une présence ponctuée d'allers-retours dans le territoire d'immigration – l'absence de documents d'identité en règle empêchant toute possibilité de déplacement à l'étranger.

Mais la réalité est tout autre. Les mouvements des pays dits du Sud vers ceux, plus riches, du Nord ne représentent qu'un tiers des mouvements internationaux (61 millions sur 200 millions)[2]. Dans le monde, la plupart des immigrés quittent les pays du Nord pour aller vers ceux du Sud. Cette mobilité est valorisée (on parle d'«expatriés»), alors que l'immigration provenant des pays du Sud est condamnée, perçue avec inquiétude, ou dans le meilleur des cas avec condescendance. Comme si l'aventure humaine était réservée à certains élus.

On aime faire de notre France, «pays des droits de l'homme», une «terre d'asile», qui serait le refuge de tous les miséreux persécutés à travers le monde. La fable est bien éloignée du réel, le nombre d'immigrés admis sur le sol français ne correspond pas tout à fait à ce que l'on pourrait attendre d'un

---

2 Contribution de Catherine Wihtol de Wenden, chercheure au CNRS dans Ramses 2011 Un monde post-américain ? dirigé par Thierry Montbrial (de), Philippe Moreau Defarges IFRI (Institut français des Relations internationales) Dunod 2010.

pays hospitalier. La France abrite cinq fois moins d'immigrés que l'Espagne, trois fois moins que l'Italie, et deux fois moins que le Royaume-Uni[1]. Les chiffres la placent au troisième rang des pays européens les plus accueillants (derrière l'Allemagne et l'Espagne) et loin derrière le Canada et les États-Unis.

Et la proportion d'étrangers présents sur le territoire français (11 %) n'est pas plus importante en France que chez nos voisins : 13 % en Allemagne et 10 % au Royaume-Uni par exemple.

Une certaine illusion est entretenue par la visibilité des enfants de l'immigration postcoloniale : la plupart d'entre eux sont des Français nés en France, mais restent amalgamés à des étrangers ou à des immigrés du fait de leur apparence physique, de leur couleur de peau, de leur religion ou de leur patronyme. Eh oui, pour certains un Arabe, un Asiatique ou un Noir n'est pas un «vrai» Français...

Les immigrés ne viennent pas pour piller les aides sociales

La teneur des débats publics pourrait faire croire que des hordes d'immigrés se répandent chaque jour sur le sol français, en quête d'un fonds d'aides sociales à piller et prêts à commettre toutes sortes d'actes de délinquance.

Les détracteurs de l'immigration en parlent souvent, sans même imaginer ce que représente l'aventure migratoire. Décider d'immigrer d'un pays pauvre vers un pays riche implique de quitter sa terre, sa famille, ceux que l'on aime pour travailler durement dans un pays étranger, dont parfois on ne parle pas

---

1 Entretien de François Héran, directeur de l'Institut national d'études démographiques de 1999 à 2009, ined.fr, 2007.

la langue, et dans lequel on a toutes les chances d'être exposé à des vexations diverses. Cela ne va pas de soi.

L'idée que des villageois du bout du monde rêveraient d'allocations familiales et quitteraient tout pour cela est tout simplement invraisemblable.

Les personnes vivant dans des pays pauvres n'optent pas nécessairement pour la migration, c'est le choix d'une minorité, celles qui le font sont minoritaires.

C'est une alternative qui témoigne d'un état d'esprit aventurier, et d'une volonté hors du commun. Je suis toujours ahurie de voir avec quelle dureté les commentateurs évoquent ces migrants, dont certains sortent à peine de l'adolescence, alors qu'ils ont franchi des milliers de kilomètres, parfois au péril de leur vie. Tout devrait porter à admirer leur courage inouï; néanmoins, il semble naturel à ces gardes-frontières de houspiller ces odieux envahisseurs du fond de leur confortable fauteuil médiatique.

Le funeste débat sur l'identité nationale lancé par le ministère d'Éric Besson en 2009 était basé sur une liste de questions à aborder, en voici deux exemples: «Pourquoi accueillir des ressortissants étrangers dans notre République puis dans notre communauté nationale?» et «Pourquoi intégrer les ressortissants étrangers accueillis dans notre République puis dans notre communauté nationale?»

Ces interrogations, lourdes de sous-entendus quant aux nuisances potentielles que provoqueraient ces indésirables, soulèvent une autre problématique: comment la France, qui s'est longtemps prévalue d'être une terre d'asile, peut-elle se positionner de cette manière? La liberté de circulation n'est-elle pas un principe cité dans la Déclaration universelle des droits de l'homme ? Son article 13 comporte en effet deux points : « *1 – Toute personne a le droit de circuler librement et de choisir sa résidence à l'intérieur d'un État. 2 – Toute personne a le droit de quitter tout pays, y compris le sien, et de revenir dans son pays.* » Comment un pays ayant signé cette déclaration peut-il ainsi se compromettre ?

Parce que ces principes me sont chers, il m'est tout à fait désagréable de devoir convaincre et argumenter pour prouver que des êtres humains ont le droit de se déplacer sur notre planète (droit dont nous, Français, jouissons sans états d'âme lorsqu'il s'agit de jouer les touristes ou d'exploiter les ressources naturelles disponibles des pays peuplés de ces fameux étrangers). Toutefois, je peux adopter la posture cynique qui consiste à répondre aux discours qui présentent l'immigration comme une menace, en les persuadant que ces personnes sont dignes de fouler le sol qui a vu naître les principes égalitaires fondateurs de la République. À vrai dire, c'est assez aisé si l'on réduit les immigrés à de simples variables statistiques.

Les immigrés et leurs descendants sont jeunes

Dans un pays comme le nôtre, dont la population ne rajeunit pas, c'est un argument qui revêt quelque importance.

La population immigrée est majoritairement jeune, et participe ainsi activement au financement des retraites des populations plus âgées. L'avenir du financement des retraites repose en grande partie sur la jeune population active, dont un nombre important d'immigrés.

Comme l'indique le chercheur Xavier Chojnicki : « *Ils dépensent aussi beaucoup et sont très entreprenants. Les pensions que nous versons aux retraités sont plus que compensées par la consommation et les cotisations sociales que paient les plus jeunes, parmi lesquels on trouve des gens très dynamiques[1].»* Le Comité d'orientation des retraites avait d'ailleurs observé: *«L'entrée de 50000 nouveaux immigrés par an permettrait de réduire de 0,5 point de PIB le déficit des retraites[2].»*

Autre information moins connue, l'Institut national de la statistique et des études économiques (INSEE) a démontré que *«les descendants directs d'immigrés» étaient «proportionnellement plus nombreux parmi les plus jeunes adultes que parmi leurs aînés, 17% des 18-20 ans résidant en France [ayant] au moins un ascendant immigré. Au-delà de la quarantaine, cette part est deux fois plus faible. La population des descendants directs d'immigrés est plus jeune que l'ensemble de la population résidant en France: parmi les 18-50 ans, la moitié des descendants d'immigrés sont âgés au plus de 30 ans, contre 4 sur 10 pour l'ensemble des 18-50 ans[3].»* Une large part de la jeunesse, qui sera demain aux manettes de notre pays, est donc composée d'enfants d'immigrés.

Cette étude nous apprend par ailleurs que les descendants d'immigrés les plus âgés sont en majorité d'origine européenne, les vagues d'immigration européennes étant plus anciennes que celles venant d'Afrique et d'Asie.

Par conséquent, ce sont les enfants d'immigrés non blancs qui sont les plus jeunes.

---

1 Xavier Chojnicki, cité par Juan Pedro Quiñonero, «Les très bons comptes de l'immigration», *Courrier international*, 2 décembre 2010.

2 Juan Pedro Quiñonero, art. cit.

3 Catherine Borrel et Bertrand Lhommeau, *INSEE Première*, n° 1287 : «Être né en France d'un parent immigré», mars 2010. http://www.insee.fr/fr/ffc/ipweb/ip1287/ip1287.pdf.

L'avenir de la France repose donc en grande partie sur ceux que certains prennent un malin plaisir à montrer du doigt, un futur plein d'Asiatiques, de Noirs et d'Arabes (j'entends d'ici les cris effrayés des chroniqueurs militants de la pureté identitaire)!

Les immigrés ne coûtent pas, ils rapportent!

En juillet 2010, des chercheurs de l'université de Lille ont remis au ministère des Affaires sociales un rapport concernant les coûts de l'immigration sur l'économie nationale[1], qui étrangement, alors que le débat sur ce thème battait son plein, est passé totalement inaperçu. Ce travail consciencieux, mené trois années durant par des universitaires se basant uniquement sur les chiffres officiels, aurait mérité une plus grande attention de nos gouvernants.

Cette absence de publicité n'est peut-être pas innocente. Il est bien possible que les conclusions de l'étude, en totale contradiction avec l'idéologie qui sous-tend les débats alimentés par nos politiques, aient suscité une certaine gêne. En effet, ces chercheurs estiment que les immigrés sont très rentables pour l'économie française, ce qui tranche plutôt avec le discours dominant.

Leurs travaux prouvent que les immigrés ne sont pas des sangsues qui pompent les maigres ressources de notre État en crise, mais tout le contraire. S'ils perçoivent de l'État 47,9 milliards d'euros, ils en reversent 60,3 milliards, ce qui offre à nos finances un bonus de 12,4 milliards d'euros.

---

1 Xavier Chojnicki, Cécily Defoort, Carine Drapier, Lionel Ragot et Hillel Rapoport (dir.), « Migrations et protection sociale : étude sur les liens et les impacts de court terme », rapport du laboratoire Equippe, université de Lille, pour la Drees-Mire, juillet 2010. http://droit.univ-lille2.fr/uploads/media/Rapport_Drees_EQUIPPE_V3_02.pdf

Comme cela a été dit précédemment, les immigrés sont jeunes, et les jeunes, ça consomme. De ce fait, 18,4 milliards d'euros sont prélevés de leurs dépenses de consommation pour être reversés à l'État essentiellement sous forme de TVA.

Le rapport comptabilise également des gains qui ne sont pas directement monnayables, mais qu'il me paraît intéressant de passer en revue.

90% des autoroutes ont été et sont construites et entretenues grâce au travail d'une main-d'œuvre étrangère, et 42% des employés des entreprises de nettoyage sont des immigrés. Plus étonnant, les métiers de services reposent en grande partie sur les immigrés et leurs enfants. Saviez-vous que plus de la moitié des médecins exerçant dans les hôpitaux de banlieue sont étrangers ou d'origine étrangère? À Paris et en région parisienne, plus de 60% des ateliers de mécanique automobile sont la propriété de mécaniciens et d'entrepreneurs d'origine étrangère.

Les inventeurs de la journée sans immigrés baptisée «24 h sans nous[2]» ne s'y sont pas trompés, qui ont lancé un appel aux immigrés et à leurs enfants à «cesser toute activité économique» pendant vingt-quatre heures, le but étant de démontrer «l'apport essentiel de l'immigration» en France. Imaginez ce que serait notre vie sans l'immigration. Faute de mécanicien disponible pour remettre votre voiture en état de marche, vous attendriez sans fin votre métro, il n'y aurait personne à l'accueil de votre entreprise, où d'ailleurs le ménage n'aurait pas été fait. Une grande partie de vos collègues et de vos responsables manquant à l'appel, vous vous trouveriez dans l'impossibilité d'avancer sur vos dossiers. Plus tard, lors de votre pause-déjeuner – que vous prendriez seul – personne ne vous servirait au restaurant,

---

2 Première journée sans immigrés, le 1er mars 2010.

dont les cuisines seraient fermées! Et les désagréments se succéderaient dans la journée: les réunions annulées faute de participants, l'école de vos enfants fermée en l'absence des enseignants... Fatigué-e par ces déconvenues, vous commenceriez à vous sentir malade, mais peineriez à trouver un médecin disponible ou même une pharmacie pour vous aider à vous soigner... et vous finiriez par rentrer chez vous à pied. A l'arrivée, personne pour partager vous consoler, celui ou celle qui partage habituellement votre vie a pris la tangente: vous aviez oublié que votre âme sœur était née à l'étranger! Quelle journée infernale!

Si l'idée d'une France sans immigrés est pour certains un doux rêve, on ne peut douter que la réalité serait un véritable cauchemar!

Lors de ma visite des États-Unis organisée par le gouvernement américain[1], j'ai rencontré à New York la responsable du bureau de l'immigration[2]. New York est la seule ville américaine disposant d'un département consacré à l'immigration, au même titre que les hôpitaux ou la police. Cela s'explique sans doute par l'impact de l'immigration sur la démographie même de la ville: plus d'un tiers des new-yorkais sont nés en dehors des États-Unis, les immigrants et leurs enfants représentent 60% de la population de la ville!

New York pratique également ouvertement la désobéissance civile: elle protège tous les immigrés, avec ou sans papiers, dans le cadre de leurs démarches administratives. Tout employé de la Ville qui dénoncerait un immigré qui ne serait pas en règle encourrait un licenciement immédiat. Cette position lui a valu d'être attaquée à plusieurs reprises par le gouvernement fédéral, mais elle résiste. Et ce malgré l'élection de Donald Trump. Le

---

1 Vous en apprendrez davantage sur mes liens avec les États-Unis dans le prochain chapitre.
2 Mme Fatima A. Shama, du Mayor's Office of Immigrant Affairs.

maire de la ville Bill de Blasio a fait savoir qu'il n'entendait pas infléchir sa politique.

La Ville est organisée pour permettre aux différentes minorités qui y demeurent d'accéder à ses ressources : traduction dans différentes langues des documents relatifs à la santé ou à l'accès des services de la police, ouverture d'une Medina Clinic au sein de l'hôpital de Harlem, où le personnel médical est spécialement formé pour recevoir des populations ouest-africaines, mise à disposition d'interprètes pour favoriser le lien parents-professeurs dans les écoles. Le département produit même un show télévisé : «We Are New York», relayant des informations à destination des immigrés !

Nos interlocuteurs new-yorkais nous ont expliqué que, selon eux, le fait de migrer correspondait à un projet d'envergure qui prouvait que les immigrés disposaient de toutes les qualités qui font les bons entrepreneurs. Des dispositifs sont donc mis en place pour que ces atouts transparaissent dans la création d'entreprises... Au pays de l'oncle Sam on ne perd pas le Nord dès (lors) qu'il s'agit de business.

Les immigrés ne polluent pas l'identité nationale

Il y a d'autres champs pour lesquels le rapport ne donne pas nécessairement de chiffres, sur lesquels les enfants d'immigrés ont eu et ont toujours une grande influence. La culture populaire française leur doit beaucoup mais peine à le reconnaître, nous l'évoquerons au fil des prochaines pages.

En 2010, j'ai eu l'occasion d'assister à une cérémonie de naturalisation américaine à Indianapolis (Indiana). Réunies au tribunal fédéral, plusieurs dizaines de personnes – dont une femme voilée qui aurait probablement été méchamment recalée en France – attendaient avec ferveur le moment où serait actée leur citoyenneté américaine. À l'appel de son nom, chacune a annoncé celui de son pays d'origine, comme un rappel du lien qui les unissait ou les avait unis avec un autre territoire.

Dans une communion impressionnante, toutes ont prêté leur serment de citoyenneté, la main sur le cœur.

À vrai dire, c'est le discours du juge qui m'a le plus surprise : après avoir admis que son pays était «loin d'être parfait», il les a invitées à ne jamais abandonner leur culture d'origine, à rester «elles-mêmes», rappelant que ses propres grands-parents étaient venus de Pologne au siècle dernier.

Une position en totale contradiction avec celle des assimilationnistes français, convaincus que l'identité d'origine doit se fondre dans celle d'arrivée pour disparaître de la sphère publique.

Rappelons qu'en France c'est par la force que l'unité identitaire s'est effectuée. C'est en partie sous la contrainte que l'unité de la nation s'est réalisée. En juin 1794, l'abbé Henri Grégoire, dans son «Rapport sur la nécessité et les moyens d'anéantir les patois et d'universaliser la langue française», estime qu'à peine un tiers des habitants de l'Hexagone s'exprime(nt? c'est «le tiers qui s'exprime non?) en français : «On peut assurer sans exagération qu'au moins 6 millions de Français, surtout dans les campagnes, ignorent la langue nationale ; qu'un nombre égal est à peu près incapable de soutenir une conversation suivie ; qu'en dernier résultat, le nombre de ceux qui la parlent n'excède pas 3 millions, et probablement le nombre de ceux qui l'écrivent correctement encore moindre.. [...] Ainsi, avec trente patois différents, nous sommes encore, pour le langage, à la tour de Babel, tandis que, pour la liberté, nous formons l'avant-garde des nations[1]. »

C'est donc aussi par «l'anéantissement des patois» divers et l'imposition du système métrique que l'on a pu promouvoir une République une et indivisible, bien souvent au détriment des identités locales. L'existence d'un système de mesure unique pour tous était un progrès évident, une avancée favorisant les échanges, mais comment ne pas s'interroger quant à l'application d'une logique similaire à des êtres humains?

Aujourd'hui encore, les langues minoritaires, qu'elles soient hexagonales ou ultramarines, peinent à demeurer vivaces.

S'il est fort difficile de revendiquer une identité minoritaire en France, les habitants des États-Unis n'ont aucune peine à se dire «Africains-Américains», «Irlandais-Américains» «Latino-Américains» ou «Asiatiques-Américains», sans que cela entre en contradiction avec leur attachement au drapeau du pays. Personne n'exige d'eux qu'ils sacrifient une de leurs appartenances pour prendre part au rêve américain. Ils se sentent indéniablement américains, tandis qu'en France certains enfants d'immigrés, perdus et désespérant de trouver une place digne au sein d'une nation qui les rejette, se déclareront ressortissants du pays de leurs parents que bien souvent ils n'ont jamais vu.

Cela démontre, s'il le fallait, que l'interdiction implicite de conjuguer plusieurs appartenances culturelles ne renforce en rien le sentiment d'appartenance à la nation. C'est au contraire le fait d'autoriser les citoyens à exprimer la pluralité de leur

---

1 Les archives du français du Québec (université de Laval, Québec). http://www.tlfq.ulaval.ca/axl/francophonie/gregoire-rapport.htm

identité, et celui d'accueillir et d'assumer cette diversité, qui renforcent et enrichissent l'identité collective.

En ce sens, la place qui est offerte à l'histoire de l'immigration est significative. Dès 1990, l'île d'Ellis Island, située au large de la ville de New York, qui a vu transiter – souvent dans des conditions déplorables – des générations d'immigrants, a été transformée en un musée de l'histoire de l'immigration doté d'un budget de construction colossal.

En France, la création tardive de la Cité nationale de l'histoire de l'immigration, qui a ouvert ses portes en 2007, s'est avérée beaucoup plus controversée. Le choix de son emplacement, du plus mauvais goût, crispe bien des susceptibilités : la Cité est située à la Porte Dorée, en périphérie de Paris, loin des «grands» musées, mais surtout dans les murs de l'ancien musée des Colonies, ce que dénoncent ceux qui auraient préféré découvrir l'histoire de l'immigration française dans un lieu de moins triste mémoire. Snobé par les officiels, ce musée, chichement doté, n'a jamais été officiellement inauguré. Le jour de son ouverture le président de la République Nicolas Sarkozy n'y a pas mis les pieds, et aucun discours officiel n'a été prononcé par le gouvernement, témoignant ainsi d'un grave désintérêt pour une question pourtant essentielle.

Les enfants d'immigrés ne sont pas nuls à l'école

Lorsqu'elle était interrogée sur les faibles performances des élèves français, Valérie Pécresse, alors ministre de l'Enseignement supérieur avait une excuse sur mesure : «*La France a des difficultés spécifiques, on a une immigration plus nombreuse [...], on a des jeunes issus de l'immigration qu'il faut intégrer [...]. Quand vos parents parlent pas français à la maison, difficile d'acquérir les savoirs¹.»*

L'ancien ministre de l'Intérieur Claude Guéant (encore lui!) a réitéré l'accusation: «*Deux tiers des enfants d'immigrés se trouvent sortir de l'appareil scolaire sans diplôme².*» Assertion si grossière que l'INSEE est sorti de sa réserve habituelle pour les démentir. L'organisme tenait à rétablir la vérité, en rappelant les conclusions de son étude de 2005 intitulée «Les immigrés en France», dont un volet portait justement sur la scolarité des enfants d'immigrés dans l'enseignement secondaire. Pour un ministre, un véritable camouflet de la part de cet établissement rattaché au ministère de l'Économie.

À travers leurs déclarations, ces ministres entretiennent l'idée selon laquelle, sans ces cancres d'enfants d'immigrés, le niveau scolaire français atteindrait sans doute des sommets vertigineux.

Peut-être auraient-ils été mieux inspirés s'ils étaient comportés eux-mêmes en bons élèves et avaient daigné consulter les chiffres de l'Éducation nationale. Si les enfants d'immigrés réussissent globalement moins bien sur le plan scolaire que les enfants de familles non immigrés, ce n'est pas du fait de leur situation migratoire: à catégorie sociale égale, les enfants de parents immigrés ont même tendance à mieux réussir que leurs camarades nés de parents français.

D'autres travaux décrivent les enfants d'immigrés comme particulièrement «combatifs». Dans leur ouvrage consacré au destin des enfants d'immigrés, Claudine Attias-Donfut et François-

1 Valérie Pécresse, dans l'émission de Guillaume Durand «Esprits libres», 6 juin 2008. http://lesindivisibles.fr/wp-content/uploads/2011/10/yabonawards-resultats-2009.pdf

2 Anne-Christine Poujoulat, «Immigration et échec scolaire : l'INSEE corrige Guéant», *L'Express*, 27 juin 2011.

65

Charles Wolff[1] expliquent que les immigrés aspirent fortement à la réussite scolaire de leurs enfants. Bien souvent, leur projet migratoire inclut le rêve d'une réussite sociale qui est transmis aux enfants, sur lesquels reposent les espoirs d'ascension. Ainsi, beaucoup d'entre eux grandissent avec l'idée qu'ils ont pour mission d'honorer les sacrifices consentis par leurs parents.

Fille d'ouvriers venus du Sénégal, j'ai toujours su que je devrais faire des études supérieures, alors même que mes parents n'y avaient jamais eu accès. Il a toujours été évident pour moi que mes parents avaient migré pour m'offrir des perspectives d'avenir différentes des leurs, et c'est sans doute cette pression implicite qui a contribué à mes résultats scolaires.

De fait, si les enfants d'immigrés s'en sortent moins bien dans l'ensemble, c'est uniquement parce que leurs parents appartiennent plus souvent que la moyenne à des milieux défavorisés.

Mais les enfants d'origine étrangère ne sont pas seulement pointés du doigt en raison de leurs résultats scolaires. Lorsqu'il s'agit d'uniformisation culturelle, ils sont en première ligne. En 2004, l'interdiction du «port de signes ou tenues par lesquels les élèves manifestent ostensiblement une appartenance religieuse est interdit» est votée[2], excluant de l'Éducation nationale des jeunes filles au nom d'une vision très étriquée de la laïcité. Ce premier pas législatif présageait du déploiement d'un arsenal des plus offensifs contre l'islam français.

---

1 Claudine Attias-Donfut et François-Charles Wolff, *Le Destin des enfants d'immigrés. Un désenchaînement des générations*, Stock, 2009.

2 Code de l'éducation, article L141-5-1, loi n° 2004-228 du 15 mars 2004, article 1 JORF 17 mars 2004, en vigueur le 1er septembre 2004.

Nous ne sommes pas en guerre contre l'islam

Eté 2016, plusieurs maires proposent des arrêtés interdisant le port du «burkini» maillot de bain couvrant répondant aux impératifs des femmes musulmanes désireuses de porter un foulard. Ces mesures interviennent après plus de vingt cinq années de polémiques et d'interdictions liées à une appartenance trop visible à l'islam.

Depuis l'affaire des «tchadors[3]» à l'école en 1989, les débats relatifs à la place de l'islam en France occupent avec une régularité déconcertante le devant de la scène, telle une ponctuation originale des séquences politiques.

Le décompte des débats ayant trait à l'islam qui ont émergé entre 2009 et 2016, dans un court intervalle de sept années, pourrait donner le vertige. Venant d'un individu, une telle obsession relèverait de la psychiatrie, hélas, il n'existe pas de spécialiste auprès duquel la France pourrait effectuer une psychanalyse.

En 2010, le débat sur l'identité nationale révèle rapidement sa nature de débat sur la place de l'islam et des musulmans en France. Durant ce débat, de nombreuses personnalités de la majorité s'illustrent dans des déclarations dont certaines auraient pu trouver leur place dans un sketch comique. On se souvient par exemple que la ministre Nadine Morano avait déclaré, avec sa délicatesse si particulière : «*Moi, ce que je veux du jeune musulman, quand il est français, c'est qu'il aime son pays, c'est qu'il trouve un travail, c'est qu'il ne parle pas le verlan, qu'il ne mette pas sa casquette à l'envers[4].*»

---

3 Les médias avaient importé le nom d'un vêtement traditionnel iranien dont le port n'est pas pratiqué en France.

4 Propos tenus lors d'un débat sur l'identité nationale à Charmes (Vosges), le 14 décembre 2009. Source : «Morano demande aux jeunes musulmans français de ne plus parler "verlan"», *Le Monde*, 15 décembre 2009

À nous la France

Le président de la République Nicolas Sarkozy lui-même s'était exprimé dans une tribune[1] qui, bien qu'ayant vocation à questionner l'identité française, ne se préoccupait que d'islam. Il avait ainsi désigné les musulmans comme étant «ceux qui arrivent», ne les considérant manifestement pas comme des personnes déjà présentes sur le territoire français (alors que la première mosquée de France a été construite à La Réunion en 1905 et la Grande Mosquée de Paris en 1926).

Cette tribune faisait suite à la polémique déclenchée en France par le référendum suisse interdisant la construction de minarets, dont on souhaitait étendre l'interdiction à la France alors qu'on n'y en compte que dix sur l'ensemble du territoire!

Et ce n'était que le début, la «burqa[2]» fut la star inattendue de l'année 2010. Alors que les renseignements généraux dénombraient 367 femmes portant le voile intégral sur le territoire français (qui sait si des femmes n'ont pas été comptées plusieurs fois?), un débat d'ampleur nationale occupa aussi bien les colonnes des journaux que les échanges de nos responsables politiques[3], dont on aurait espéré qu'ils fassent un meilleur usage de leur temps et de leur énergie.

Entre-temps, une candidate aux élections régionales défrayait la chronique en se présentant avec son foulard, alors qu'elle remplissait pourtant toutes les conditions d'éligibilité. Et un boucher barbu nantais était menacé d'être déchu de sa nationalité française en raison de sa polygamie présumée. Pendant ce temps, contrevenant

---

1 Tribune de Nicolas Sarkozy, *Le Monde*, 9 décembre 2009.

2 Encore une fois, les médias ont délibérément choisi d'importer le nom d'un vêtement traditionnel étranger – afghan en l'occurrence – dont le port ne se pratique pas en France (où c'est le port du niqab qui fait office de voile intégral).

3 Ainsi la députée Georges Pau-Langevin déclarait en séance à l'Assemblée nationale, le 7 juillet 2010 : «Je persiste à penser, avec certains de mes collègues, que le temps que nous avons passé à disserter sur ce vêtement est excessif au regard des graves problèmes économiques et sociaux que connaît notre pays.»

à la liberté d'entreprendre, un maire entrait en croisade contre une grande enseigne de fast-foods qui avait décidé d'ouvrir un restaurant halal dans sa ville. Et son action connut une résonance nationale, les quelques fast-foods halal[4] de notre pays devinrent soudain la cible de toutes les frayeurs d'islamisation de la France.

Une loi interdisant le port de cet odieux tissu qu'était le voile intégral ayant été finalement votée, on aurait pu penser que le compte de l'islam était réglé. Mais non!

Les terribles «prières de rues» ont relancé la machine en 2011. Ces manifestations n'ont cours que dans une demi-douzaine de lieux en France, en raison des faibles capacités d'accueil des lieux de prière existants, mais il n'en fallait pas moins pour alimenter tous les fantasmes quant à la colonisation des sols parisiens par une armée de barbus.

L'impact de dispositions manifestement orientées contre la pratique de l'islam dépasse de loin les cibles initiales pour s'exprimer de manière de plus en plus incongrue.

Probablement dopé par le climat de plus en plus ouvertement islamophobe, le ministre de l'Éducation nationale Luc Chatel a décidé – malgré un avis hostile de la HALDE – d'instaurer par décret l'interdiction aux mamans portant un foulard musulman d'accompagner les sorties scolaires!

En mars 2011, sept ans après la promulgation de la loi antifoulard, quatre lycéennes musulmanes de Saint-Ouen (Seine-Saint-Denis) se disent menacées d'exclusion de leur établissement scolaire, après la convocation de leur proviseure qui leur a fait savoir qu'elle considérait leurs longues robes aux couleurs sombres

---

4   En 2010, l'enseigne Quick comptait 22 restaurants halal sur 358 en France.

et unies comme un «signe ostentatoire religieux[1]». Solidaires, leurs camarades ont eu la bonne idée de créer «la journée de la robe» pour protester. Devant la fronde des associations de lutte contre l'islamophobie et le début de médiatisation de l'affaire, la direction du lycée fait machine arrière, indiquant «qu'il s'agissait d'un simple rappel à la loi et qu'il n'est pas question d'exclure les jeunes filles». Rappeler la loi sur le port de signes religieux à des ados qui portent de longues robes, sous prétexte qu'elles sont musulmanes, me semble quelque peu déplacé.

En septembre 2011, un homme prénommé Kamel (le détail a son importance), employé de la mairie de Tremblay-en-France (Seine-Saint-Denis), jusqu'ici préposé aux archives, se voit interpellé par sa hiérarchie : la longueur de sa barbe devient inadéquate dès lors qu'il est affecté à un poste plus visible. Sa barbe est décrétée «pas normale» par un adjoint au maire, considérant qu'un serviteur de l'État doit veiller à respecter une obligation de neutralité, incompatible avec cet excédent de pilosité. Une barbe c'est rigolo sur Robert Hue, sympa sur le Père Noël, et *fashion* sur Bruce Toussaint[2], mais quand on s'appelle Kamel, le port de la barbe n'est pas très catholique.

Bien que n'ayant jamais fait état de son appartenance religieuse devant ses collègues, ce pauvre homme est mis à pied pendant plusieurs semaines, avant d'être convoqué en commission disciplinaire! Acculé, il n'a d'autre choix que d'arguer du fait que sa barbe n'est pas «idéologique[3]»!

En 2011, le Sénat passé à gauche propose une loi pour interdire le port du voile par les puéricultrices travaillant

---

1 « Saint-Ouen : quatre lycéennes en longue robe se disent menacées d'exclusion », *Le Parisien*, 23 mars 2011.

2 Respectivement ancien dirigeant du Parti communiste français, idole des enfants, et journaliste star de la télévision.

3 « Mis à pied à cause de sa barbe », reportage sur Europe 1, le 7 septembre 2011.

dans des crèches, ainsi que par les assistantes maternelles accueillant des enfants à leur domicile.

Et lorsqu'en 2009 Diam's, chanteuse de rap, apparaît en couverture de la presse people sortant d'une mosquée vêtue d'un voile témoignant de sa pratique de l'islam, il ne faut pas moins que l'intervention publique d'un ministre de la République espérant que la star des ados «enlèverait son voile[4]». On a rarement entendu des personnalités politiques s'exprimer sur la foi religieuse de Madonna, ses relations avec la Kabbale ou l'Opus Dei.

Cette volonté quasi intégriste d'éloigner de la visibilité publique tout ce qui rappelle un tant soit peu l'islam m'interpelle. Aux États-Unis, où les musulmans sont proportionnellement beaucoup moins nombreux qu'en France (entre 1% et 3% de la population), j'ai été accueillie à mon arrivée à l'aéroport d'Austin (Texas) par une vidéo où défilaient de multiples visages d'Américains souhaitant la bienvenue aux arrivants. Parmi ces visages, ceux de deux femmes voilées. Comment un pays où l'islam est marginal parvient-il à prendre en compte l'existence de population visiblement musulmane alors que le nôtre, où l'islam est la deuxième religion la plus pratiquée, persiste à vouloir les cacher?

Malheureusement, les migrants et leurs descendants ne sont pas les seuls concernés par l'hostilité politique, d'autres populations dérangent parce qu'elles adoptent ou sont supposées embrasser un mode de vie alternatif.

---

4 Fadela Amara, invitée sur Europe 1, le 9 octobre 2009.

L'épineuse question «rom»

Le 30 juillet 2010 marque un tournant dans l'appréhension de la question des Roms dans le débat public. Après un fait divers au cours duquel un policier est blessé par un délinquant vraisemblablement issu d'une communauté nomade, le président Nicolas Sarkozy décide de sévir.

Dans son désormais célèbre discours de Grenoble, il fait de l'expulsion massive des populations Roms une des clés de la lutte contre l'insécurité. Ce faisant, il démontre sa méconnaissance des populations nomades. L'auteur de l'agression contre le policier appartenait à une communauté que l'on désigne communément comme «gens du voyage» et il était français. Le président de la République, cherchant à «punir» une communauté des méfaits de l'un de ses membres, ce qui est en soi discutable, s'est trompé et a plongé dans les confusions habituelles que l'on fait entre Roms, Tsiganes et Gitans. L'expression «gens du voyage» regroupe des communautés d'origines diverses que l'on affuble de noms qui correspondent plus ou moins à des réalités culturelles (roms, sintés, yéniches ou gitanes). Souvent installés en France depuis plusieurs générations, nombre d'entre eux sont de nationalité française.

Ces populations sont considérées comme nomades et homogènes, comme si ce mode de vie était toujours choisi ou culturel. Dans beaucoup de cas, au contraire, elles ont cessé d'être sédentaires en raison du rejet dont elles faisaient l'objet, rejet bien souvent organisé par l'État.

Parmi ces communautés, beaucoup des Roms, originaires des pays d'Europe centrale et orientale, essentiellement de Roumanie et de Bulgarie, sont des migrants. Mais il n'est pas question ici de dresser une typologie de ces populations. Le véritable point commun de ces groupes réside peut-être dans leur histoire, et dans leur difficulté à accéder aux biens et services les plus élémentaires, à l'emploi, au logement, dans des conditions identiques au reste de la population[1].

Quelque temps plus tard, le 5 août 2010, alors qu'une circulaire du ministère de l'Intérieur adressée aux préfets les enjoint de cibler «en priorité» les Roms, la discrimination devient aussi officielle qu'explicite. L'acharnement vis-à-vis des populations roms est tel que Viviane Reding, commissaire européenne en charge de la justice, finit par s'insurger. Elle rappelle à la France qu'il lui est interdit de mener de telles politiques qu'elle juge discriminatoires, «une honte» selon ses termes.

Et c'est à cette occasion que des journalistes révèlent la banalisation d'un fichage généralisé des populations roms ou assimilées mené depuis plusieurs années par les instances policières et militaires.

Le journal *Le Monde*[2] découvre ainsi l'existence d'un fichier illégal nommé MENS (Minorités ethniques non sédentarisées), constitué par l'Office central de lutte contre la délinquance itinérante (OCLDI).

Le site d'informations Rue89 se procure un document distinguant parmi les «groupes à risques» les «manouches» et les «gitans», fichage ethnique totalement illégal, auquel s'ajoute la création d'une effrayante «généalogie des familles tsiganes[3]».

---

1 Voir délibération de la HALDE n° 2008-157, du 7 juillet 2008.
   http://www.fnasat.asso.fr/halde/delib%20carte%20identite%20halde.pdf

2 Franck Johannès, «MENS, le fichier ethnique illégal sur les Roms», *Le Monde*,
   7 octobre 2010.

3 Julien Martin, «Les preuves de l'existence d'un fichier ethnique sur les Roms», *Rue89*,
   7 octobre 2010.

Les gens du voyage sont ainsi amalgamés à des populations dangereuses de la manière la plus administrative qui soit.

Si les Roms ont fait irruption dans le débat public en 2010, ce n'était pas la première fois que des politiques s'en prenaient à eux.

Depuis 2000, une loi oblige les communes de plus de 5000 habitants à se doter d'emplacements destinés à accueillir les gens du voyage. Or un grand nombre de communes ne respectent pas cette loi, et parmi celles qui le font, beaucoup proposent des aires d'accueil dont les qualités sanitaires sont indignes. Le climat est tel que certains élus n'ont aucun complexe à manifester leur aversion pour ces communautés. En 2006 Michel Habig, le maire d'Ensisheim (Haut-Rhin), est allé jusqu'à ordonner de brûler un campement de Roms et à prendre personnellement part à la destruction de 14 de ces logements[1].

Durant l'été 2009, dans le cadre de contrôles d'identité, des policiers ont procédé au marquage au tampon de Roms installés sur un campement situé dans le département de l'Essonne en banlieue parisienne. Un tel procédé avait été justifié par le but de faciliter la tâche des policiers «comme en boîte de nuit[2]». Ces marquages de triste mémoire sont surtout les révélateurs d'un environnement très hostile aux gens du voyage.

Depuis des siècles, les gens du voyage sont les cibles récurrentes de tous les préjugés racistes («voleurs de poules»). Déjà en 1867, Gustave Flaubert décrivait ce climat dans une missive adressée à George Sand : *«Je me suis pâmé, il y a huit jours, devant un campement de Bohémiens qui s'étaient établis à Rouen. Voilà la troisième fois que j'en vois. Et toujours avec un*

---

1 J. B., «C'est cuit pour le maire Michel Habig», *20 minutes*, 16 juin 2006.

2 Florent Pecchio, «Besson dénonce les coups de tampon sur les Roms», *Libération*, 8 septembre 2009.

nouveau plaisir. L'admirable, c'est qu'ils excitaient la haine des bourgeois, bien qu'inoffensifs comme des moutons. Je me suis fait très mal voir de la foule, en leur donnant quelques sols. Et j'ai entendu de jolis mots à la Prudhomme. Cette haine-là tient à quelque chose de très profond et de complexe. On la retrouve chez tous les gens d'ordre.

C'est la haine qu'on porte au Bédouin, à l'Hérétique, au Philosophe, au Solitaire, au Poète. Et il y a de la peur dans cette haine. Moi qui suis toujours pour les minorités, elle m'exaspère. Du jour où je ne serai plus indigné, je tomberai à plat, comme une poupée à qui on retire son bâton[3].»

Les discriminations à leur encontre ont été inscrites jusque dans les lois. On le sait peu mais les gens du gens du voyage, bien que citoyens français, sont soumis à un devoir spécifique concernant les justificatifs d'identité. Issue d'une longue histoire faite de stigmatisations et de vexations, une loi les contraint à toujours détenir sur eux, en plus de leur carte d'identité, un carnet ou un livret de circulation, sous peine de sanctions pouvant aller jusqu'à un an d'emprisonnement.

Au quotidien, ne pas être en mesure de produire ce document attestant de son identité cause de nombreuses difficultés pour mener une vie sociale et politique normale. Cela les place bien souvent dans l'impossibilité d'exercer le droit de vote, de bénéficier d'une protection sociale minimale, ou même d'inscrire leurs enfants à l'école. Ce sont les seuls Français pour lesquels la présentation d'une carte d'identité ne suffit pas pour être en règle.

---

3 Gustave Flaubert, lettre à George Sand du 12 juin 1867, dans Gustave Flaubert, *Correspondance*, «Bibliothèque de la Pléiade», Gallimard, tome V, p. 653-654.

De même le statut de leurs caravanes, qui ne sont pas considérées comme des logements, les prive des aides au logement et des aides sociales en général.

Les discours brutaux à leur encontre n'ont en réalité d'autre objectif que de justifier des expulsions qui permettent à l'administration d'atteindre le quota fixé par le gouvernement, afin de séduire un certain électorat. Selon l'ONG Médecins du monde, les conséquences humaines de cette politique sont graves, les communautés de gens du voyage vivent «dans un climat de peur, alimenté par des intimidations répétées, des procédures administratives de reconduites à la frontière irrégulières, des gardes à vue non justifiées et des contrôles systématiques de papiers[1]».

Les êtres humains naissent et demeurent libres... de migrer

En 1999, j'ai été frappée par la tragique disparition de deux adolescents guinéens dont les corps ont été retrouvés sans vie dans le train atterrissage d'un avion, dans lequel ils avaient embarqué clandestinement de Conakry vers Bruxelles. Yaguine Koita et Fodé Tounkara, 14 et 15 ans, transportaient avec eux une lettre[2] qui sera diffusée par les médias du monde entier. Adressée aux «membres et responsables d'Europe», ce courrier poignant par sa justesse et sa lucidité ambitionnait de «parler de l'objectif de [leur] voyage et de la souffrance [d'eux], les enfants et jeunes d'Afrique», implorant le secours des Européens et invoquant leur «solidarité» et leur «gentillesse». Pressentant

---

1 Médecins du monde, «Politique migratoire et santé publique, le choix délibéré de nuire ?», dossier de presse : *Parias, les Roms en France*, juillet 2011.

2 Lettre de Yaguine Koita et Fodé Tounkara, datée du 29 juillet 1999. http://wikilivres.info/wiki/Lettre_de_Yaguine_Koita_et_Fod%C3%A9_Tounkara

leur sacrifice, ils entendaient éveiller les consciences européennes en témoignant des injustices dont souffraient les êtres peuplant le continent africain. Hélas, leur périple s'acheva dans la douleur, ces deux enfants moururent de froid. Victimes de l'égoïsme de ceux qui se barricadent derrière des frontières tout en se réclamant des droits humains.

Nombreux sont ceux qui rêvent de parcourir le monde et de partir à la découverte de nouvelles cultures, aspiration que beaucoup d'entre nous peuvent satisfaire grâce au tourisme ou à l'expatriation comment en témoignent les flux migratoires internationaux dont la majorité vont des pays du Nord vers ceux du Sud.

Dans notre monde en mouvement, comment peut-on raisonnablement espérer empêcher d'autres individus de tenter d'assouvir le même rêve ? Quelle justification rationnelle autorise les détenteurs d'un simple passeport à sillonner tous les pays monde, alors que d'autres n'ont même pas le droit de dépasser les frontières de leur pays ? Comment peut-on en vouloir à ces jeunes qui rêvent d'ailleurs, alors que les étudiants français qui intègrent des cursus étrangers sont de plus en plus nombreux ?

En réalité, les «envahisseurs» ne sont pas ceux que l'on imagine, l'Histoire l'a montré et l'actualité des migrations internationales en atteste également.

La migration est le propre de l'homme, elle est à l'origine des civilisations dont nous sommes les héritiers, c'est la raison pour laquelle il est absurde d'exiger des étrangers qu'ils s'intègrent sans laisser d'empreinte. Les immigres participent aux transformations de notre société, ce sont là des mouvements nécessaires qu'on ne saurait tenter de contenir.

Attaquer le statut du migrant est une erreur. Ce sont les inégalités criantes qui sévissent sur nos territoires et les tragédies sociales qu'il faut pointer du doigt, car elles sont à l'origine des déterminismes alimentés par un système profondément injuste.

Et si on regardait ailleurs ?

Notre pays n'est pas seul au monde. Les questions qui se posent chez nous se sont également posées de l'autre côté de l'Atlantique, dans les mêmes termes.

Alors qu'ils étaient tous deux des puissances esclavagistes, la France et les États-Unis ont connu à quelques années d'intervalle les révolutions qui furent les points de départ de leurs histoires contemporaines.

Les liens entre les deux pays se sont exprimés tout au long des deux derniers siècles. Dès 1831, Alexis de Tocqueville fut envoyé par le gouvernement français aux États-Unis pour y étudier le système pénitentiaire. De ce voyage naquit De la démocratie en Amérique, traité fondamental de la pensée politique française.

La statue de la Liberté, cadeau de la France aux États-Unis pour célébrer le centenaire de la Déclaration d'indépendance américaine, symbolise autant l'arrivée d'immigrés à New York par la voie maritime, que leur attachement.

Cette amitié affichée ne les empêche pas de se livrer une intense compétition pour conquérir le *leadership* mondial dans les sphères intellectuelles, idéologiques et politiques.

À l'époque où le monde dénonçait les cruelles injustices et brutalités infligées aux Noirs par les États-Unis, la France était le refuge des intellectuels noirs américains, heureux de trouver une terre qui leur permettait de prendre part à la vie culturelle et politique, sans les ostraciser ni leur interdire l'accès aux lieux publics – cafés, théâtres... – fréquentés par des Blancs.

Ce n'est pas un hasard si, dans les années 1920 et 1930, d'illustres compositions du jazz américain ont vu le jour du côté de Montmartre où résidaient ces musiciens avides de libertés. Aujourd'hui encore, de nombreux Afro-Américains idéalisent cette France «terre des libertés».

Si, à la fin de la décolonisation des territoires africains par la France, les Noirs américains vivaient encore sous le joug d'un système ségrégationniste, les États-Unis ont, en moins de quarante-cinq ans, démontré une incroyable faculté à rattraper un retard qui pouvait paraître rédhibitoire : des Noirs qui n'avaient autrefois pas le droit de voter ont pu élire un président noir.

Que s'est-il passé en France pendant ce temps? Contrairement aux Etats-Unis où le Black Panther Party a laissé une empreinte profonde, aucun mouvement de libération des minorités autonome du pouvoir d'envergure n'a jamais vu le jour. La «Marche pour l'égalité et contre le racisme» de 1983, rebaptisée «Marche des Beurs» par les médias, fut initiée par des enfants d'immigrés las d'être la cible des violences racistes. Partant de Marseille avec seulement 32 marcheurs la marche s'acheva à Paris en rassemblement de 60 000 personnes. Déjà, la marche appelait à la fin des comportements discriminatoires et des crimes racistes dont étaient victimes les enfants d'immigrés.

Près de trente ans plus tard, bien peu de politiques ont été mises en place pour favoriser l'égalité des populations minoritaires et lutter efficacement contre ces agissements. Il n'y a jamais eu de plan d'action positive d'ampleur nationale. La Haute Autorité de lutte contre les discriminations et pour l'égalité (HALDE), créée en 2005 avec des moyens misérables, a finalement été démantelée en 2011 pour être intégrée à une curieuse autorité administrative polyvalente, affublée d'un nom qui aurait pu être celui d'un superhéros de comics : le «Défenseur des droits» qui se depuis mène la lutte tant bien que mal malgré ses faibles moyens.

Je m'interroge sur la manière dont un pays comme les États-Unis appréhende ces questions qui bousculent la France. Il n'est là pas question de louer le modèle américain de manière aveugle, tant il est évident que celui-ci est loin d'avoir produit une société égalitaire.

Mais nos pays connaissent des problèmes similaires, et il me semble légitime de les mettre en miroir. J'aimerais savoir si et comment les Américains ont fait ce que nous n'avons pas fait.

Si le rêve américain est en grande partie constitué de mythologies, il n'en est pas moins vivace. Bien que la réussite individuelle soit rare, chaque Américain est convaincu qu'il pourra un jour emprunter l'ascenseur social. La société américaine est traversée par un optimisme dédaigné par notre cynisme bien français, mais tellement perceptible qu'il invite désormais beaucoup des jeunes Français noirs ou d'origine maghrébine à se rêver américains.

Le terme «diversité», fourre-tout bien commode pour éviter d'employer les mots qui fâchent, nous vient du *«diversity»* américain. Toutefois, il ne semble pas produire les mêmes effets de part et d'autre de l'Atlantique.

Il me prend l'envie d'emprunter les chaussures de Tocqueville pour comprendre à partir de quels romans nationaux nos pays ont forgé leurs identités, par quels moyens et pour quels résultats ils ont tenté ou réussi à affronter leurs crises identitaires.

Chapitre 3
Assimilation républicaine versus multiculturalisme à l'américaine ?

Instruire la démocratie, ranimer, s'il se peut, ses croyances,
purifier ses mœurs, régler ses mouvements ; substituer peu à
peu la science des affaires à son inexpérience, la connaissance
de ses vrais intérêts à ses aveugles instincts ; adapter son
gouvernement aux temps et aux lieux ; le modifier suivant les
circonstances et les hommes : tel est le premier des devoirs
imposés de nos jours à ceux qui dirigent la société. Il faut une
science politique nouvelle à un monde tout nouveau[1].

Alexis de Tocqueville

---

1   Alexis de Tocqueville, *De la Démocratie en Amérique*, introduction, tome I,
    Société belge de librairie, 1837, p. 9

L'état des lieux dressé au début de cet ouvrage pourrait laisser penser que la France est finie. Si la France, vieille puissante européenne décline, la jeune nation américaine s'inscrit-elle dans une optique plus ascendante ?

Notre vie est influencée – colonisée diraient les mauvaises langues – par le mode de vie américain, nous en avons adopté quelques pratiques alimentaires, nous en admirons les stars et nous abreuvons de séries *made in USA* depuis notre plus jeune âge.

Les États-Unis sont le pays du hip-hop, de Michael Jackson, des séries qui ont marqué l'imaginaire collectif français de *Dallas* à *Grey's Anatomy*... On croirait presque que ce pays est le nôtre, tant il nous semble présent. Lorsque je me suis rendue à New York pour la première fois, un sentiment de familiarité inédit m'a aussitôt envahie : bien que n'y ayant jamais mis les pieds auparavant, j'avais l'impression de connaître par cœur et depuis toujours la mégalopole qui avait bercé mon enfance à travers l'écran de mon téléviseur.

Il y a aussi chez de nombreux Français noirs cette attirance pour la communauté afro-américaine : nombre d'entre nous ont dû attendre de voir apparaître la très chic famille Huxtable du *Cosby Show* pour enfin voir des Noirs un peu «classe» à la télévision. Quelle fierté, alors qu'au même moment on nous servait encore des biscuits «Bamboula» au goûter !

Certes nous avons eu en France nos Aimé Césaire et Frantz Fanon, mais c'est des vibrants discours de Martin Luther King, de la révolte de Muhammad Ali, du courage d'Angela Davis (et sa coiffure afro !), ou encore de la salutaire irrévérence de Malcolm X dont beaucoup revendiquent l'héritage. Ce sont les visages de ces grands leaders qui côtoient celui du «Che» et tapissent les chambres de la jeunesse en quête d'idéaux.

Assimilation républicaine versus
multiculturalisme à l'américaine ?

On pourra toujours reprocher à tel ou tel de n'avoir pas eu une trajectoire parfaite, et par là même me soupçonner de naïveté. Le fait est qu'indépendamment de leurs actes réels, rares sont les figures françaises qui suscitent un enthousiasme similaire chez les jeunes qui aspirent à un changement social radical.

Alors que le débat sur la laïcité – qui ressemble curieusement à un procès contre l'islam – fait rage en France, pays dont l'athéisme profondément ancré frise parfois l'intégrisme, les États-Unis, où plus de 90% des personnes déclarent croire en Dieu[1], mettent la liberté religieuse sur un piédestal. Dans ce pays en partie fondé par des Européens persécutés en raison de leur foi, il est hors de question d'interdire un signe religieux !

Notre pays est traversé par une grave crise identitaire, qui l'agite de douloureux spasmes, crise sans cesse placée sur le devant de la scène publique par les invectives des politiques.

Au moment où à Miami un pasteur fanatique appelait à brûler le «diabolique» Coran, en France, les «assises contre l'islamisation» réunissaient en 2010 des militants de divers pays européens, portés par des fantasmes non moins farfelus : «Les musulmans nous envahissent, l'islamisation guette l'Europe au détriment des vraies valeurs chrétiennes de chez nous.»

Désormais, les extrêmes droites ne se contentent plus de gagner de l'importance dans les contextes strictement nationaux. Stimulées par la mondialisation elles *twittent* et *facebookent*. Bref elles sont connectées !

C'est ainsi qu'en 2010, lors de la commémoration des attentats 11 septembre, le leader d'extrême droite néerlandais

---

1 Voir les études du Pew Research Center.

Geert Wilders, dont le programme ambitionne entre autres incongruités d'interdire le Coran, a été invité à prononcer un discours non loin des décombres des Twin Towers.

Et pourtant cette crispation ambiante n'a pas empêché l'élection d'Obama, un président noir, inimaginable en France ! Si les élites françaises restent désespérément blanches, les Américains, moins arc-boutés sur des principes philosophiques, ont permis la naissance de groupes d'influence (tel le Congressional Black Caucus[1], composé des parlementaires noirs, dont Barack Obama faisait partie) qui exercent une pression législative constante pour permettre l'avancée des droits des minorités.

Mais les pesanteurs raciales n'ont pas disparu pour autant : les groupes ethniques se mélangent encore très peu. De même, nous ne pouvons oublier le cruel destin des populations d'ascendance amérindienne, que l'on désigne pudiquement les « *Native Americans* » : elles ne représentent plus que 1 % de la population d'un pays qui était pourtant le leur jusqu'en 1492.

Que nous disent les modèles adoptés de part et d'autre de l'Atlantique sur les facultés de nos pays respectifs à accepter leurs changements ?

Quand les Américains nous dispensent des leçons d'antiracisme

« Le vrai problème est l'échec de la France blanche et chrétienne à considérer ses compatriotes à la peau sombre et musulmans

---

1 Depuis 1969, les membres noirs du Congrès et du Sénat forment un groupe parlementaire dont le but est d'impulser les mesures législatives pouvant influer sur la destinée des Afro-Américains, et de manière plus générale sur celle des Américains qui vivent dans des conditions difficiles.

comme des citoyens à part entière[2].» Ce constat sans appel est celui
Craig Stapleton, alors ambassadeur des États-Unis en France.

En 2010, les 250 notes diplomatiques secrètes diffusées
par WikiLeaks révèlent la préoccupation des États-Unis quant
au sort des minorités en France. Avant que les révoltes des
banlieues n'éclatent en 2005, et que la «diversité» ne devienne
un thème politique majeur, Craig Stapleton, pressentant une
crise que personne n'avait pourtant vue venir en France, alerte
ainsi sa hiérarchie du département d'État, équivalent de notre
ministère des Affaires étrangères à Washington: «La France n'a
pas seulement un problème d'intégration ou d'immigration; elle
doit aussi agir pour donner une place aux musulmans dans
l'identité française[3].» Contrairement aux discours habituels de
nos politiques, qui tendent à rendre les minorités responsables
de «l'échec» prétendu de leur propre «intégration», le diplomate
considérait que le problème provenait d'une France qui se montrait
incapable de s'ouvrir aux citoyens qui n'observaient pas la religion
majoritaire. Et surtout, sa perception de Nord-Américain proposait
un angle de lecture nouveau des questions minoritaires.

Quelques années plus tard, le diagnostic livré par les
mêmes voies de son successeur, l'ambassadeur Charles Rivkin,
n'est pas moins sévère: «*Nous estimons que si la France, sur une
longue période, ne réussit pas à améliorer les perspectives de ses
minorités et à leur offrir une véritable représentation politique,
elle pourrait s'affaiblir, être plus divisée, peut-être encline à des
crises et repliée sur elle-même*[4].» Sombre prophétie, à mille lieues
du mythe de l'intégration républicaine que l'on nous chante à
l'envi. Cette préoccupation pour le sort des minorités françaises

---

2 Dans un mémorandum daté du 9 novembre 2005.
3 Dans un télégramme secret du 17 août 2005.
4 Dans un mémorandum de janvier 2010.

témoigne du fait que ce problème est aussi le *leur*, dans la mesure où il pourrait avoir des implications internationales.

D'aucuns me rétorqueront probablement que les États-Unis ne sont pas tout à fait en position de nous administrer des leçons de «diversité». Et je le concède volontiers. Aussi endosserai-je la robe de l'avocate du diable.

Malgré l'enthousiasme suscité par l'élection de Barack Hussein Obama, les tensions raciales demeurent vives et les violences racistes se succèdent tragiquement.

Sur le plan économique l'égalité est loin d'être acquise. La crise a creusé les écarts de richesses entre Blancs, Noirs et Hispaniques, ceux-ci n'ont jamais atteint de tels sommets depuis 1984, date à laquelle le gouvernement américain a publié pour la première fois de telles statistiques[1].

Contrairement à ce qui était prédit, l'accession de ce premier président noir à la plus haute marche de la hiérarchie exécutive n'a pas éradiqué les derniers préjugés racistes. Au contraire, elle en a avivé que l'on croyait d'un autre âge.

Cette élection a été interprétée par certains comme la fin d'un monde dominé par les Blancs, qui voient dans le président l'incarnation... de l'Antéchrist[2]! On a même entendu des électeurs républicains s'inquiéter du rétablissement de l'esclavage par ce président fraîchement élu, qu'ils imaginaient animé d'une volonté de vengeance communautaire dirigée contre les descendants présumés d'esclavagistes...

---

1 Pew Research Center - Wealth Gaps Rise to Record Highs Between Whites, Blacks, Hispanics - étude de Rakesh Kochhar – 26 juillet 2011

2 Selon un sondage mené par Harris Interactive réalisé entre le 1er et le 8 mars 2010, 24 % des électeurs républicains pensaient que Barack Obama était l'Antéchrist.

Assimilation républicaine versus multiculturalisme à l'américaine ?

Dans ce contexte, nombreux sont ceux qui ont tremblé d'effroi en découvrant les études qui annonçaient la composition de la société américaine à venir : selon leurs prévisions, les Américains blancs seraient minoritaires en 2050[3]! S'ajoutait à cela une crise économique, l'appauvrissement des franges les plus fragiles de la population, et l'afflux d'une immigration non-blanche. De quoi nourrir un racisme qui, comme en France, infiltre les discours politiques et les médias.

Mais là-bas, à la différence de la France, les musulmans ne sont pas les premières cibles des racistes, ce sont les immigrés – en particulier Latinos réduit à l'identité de «Mexicains[4]» par le candidat Donald Trump - qui sont en première ligne pour subir les discours agressifs. La théorie farfelue de la «Reconquista» parcourt d'ailleurs les groupes extrémistes convaincus que l'immigration latino-américaine est une forme de reconquête organisée par les Mexicains, dans l'optique de reprendre les États du Sud[5] perdus lors de la guerre américano-mexicaine au XIXᵉ siècle!

Conséquence, le Southern Poverty Law Center, organisation antiraciste historique située dans l'Alabama, a noté une sensible augmentation des crimes racistes ces dernières années.

Autre différence de taille, les mariages dits «mixtes», unissant des personnes appartenant à des groupes ethno-raciaux différents, restent encore très rares, voire tabous aux États-Unis.

---

3 Selon les données du Pew Research Center.

4 *«Quand le Mexique nous envoie des gens, il ne nous envoie pas les meilleurs. Il n'envoie pas des gens tels que vous. Il envoie des gens avec des tas de problèmes, qui viennent leurs problèmes avec eux. Ils viennent avec de la drogue, ils amènent de la criminalité, ce sont des violeurs.»* Propos rapportés par le Cosmopolitan, juillet 2015.

5 Californie, Texas et Nouveau-Mexique.

Les tensions raciales n'expliquent pas tous les malheurs des Américains. Ceux-ci ne bénéficient pas de dispositifs équivalents à ceux qui existent en France. Les minima sociaux ainsi que le système de santé sont beaucoup moins protecteurs que ceux de notre pays. Les Américains pauvres sont livrés à eux-mêmes lorsqu'il s'agit d'accéder à ces différentes prestations. Si une réforme de la santé a été votée en 2010 pour protéger les plus pauvres, elle est loin d'égaler notre Sécu historique (malgré l'offensive orchestrée par les gouvernements qui se sont succédé aux manettes de la France depuis près de dix ans). Il n'est pas rare de voir des actifs américains cumuler plusieurs jobs pour joindre les deux bouts, et en cas de chômage point de filet de sécurité, c'est la dèche. Et parmi les pauvres, on trouve une surreprésentation des minorités.

Il n'y a pas qu'en matière de pauvreté que les minorités subissent les affres du libéralisme à l'américaine. Comme le décrit la juriste américaine Michelle Alexander, ce sont les minorités ethno-raciales qui pâtissent en premier lieu de la gestion carcérale de la délinquance: «*Il y a aujourd'hui plus d'hommes africains-américains en prison ou en détention, en liberté surveillée ou liberté conditionnelle, que de Noirs qui furent soumis à l'esclavage en 1850 avant que la guerre civile ne commence*[1].»

Alors que le taux de criminalité est un des plus faibles de l'histoire du pays, on compte actuellement 2,3 millions de personnes détenues. Et l'expansion quasi industrielle du système carcéral américain se fait largement au détriment des populations noires, dont le sort est loin d'être enviable.

---

1 Michelle Alexander, *The New Jim Crow. Mass Incarceration in the Age of Colorblindness*, The New Press, 2010.

C'était justement pour étudier le système pénitentiaire américain que Tocqueville s'est rendu aux États-Unis dès 1831, estimant que l'État français pourrait tirer profit de l'expérience démocratique américaine. Il ne serait pas inintéressant aujourd'hui d'aborder les politiques américaines de la même manière.

Sur le plan institutionnel, nos outils sont loin de pouvoir rivaliser avec les politiques très volontaristes qui ont permis aux minorités américaines d'émerger dans le monde de l'entreprise, au cinéma et à la télévision.

Ces politiques transparaissent également en matière internationale. Et je fais partie de celles et ceux qui dans leur vie ont expérimenté ce pragmatisme.

Comment j'ai été identifiée par les États-Unis comme un futur « leader »

Lorsque je me suis engagée dans le combat antiraciste en 2007, j'ai choisi d'observer de près les expérimentations étrangères dans ce domaine. En 2010, je suis sélectionnée pour participer à l'« *International Visitor Leadership Program* », le programme des visiteurs internationaux. Mon séjour aux États-Unis et les liens que j'y ai développés avec des personnes engagées allaient donner corps à mes interrogations. Au-delà de l'expérience humaine, c'est la gestion et la prise en considération politique de la question du racisme et des discriminations qui ont affermi mes doutes – déjà sérieux – relatifs au chemin qu'empruntait la France.

Depuis 1940, le Département d'État américain invite chaque année des young leaders originaires du monde entier à visiter les États-Unis pour étudier une question américaine proche de leurs centres d'intérêt.

Ceux-ci ne sont pas choisis au hasard, les ambassades à travers le monde identifient sur le terrain celles et ceux qu'elles considèrent comme les futurs leaders potentiels de leur pays. Par le passé, de nombreux dirigeants du monde en devenir ont ainsi été invités à parcourir les États-Unis. La liste des Français détectés dans leur jeunesse compte Valéry Giscard d'Estaing, Laurent Fabius, Nicolas Sarkozy, ou plus récemment Nathalie Kosciusko-Morizet, auxquels s'ajoutent des figures internationales tels Tony Blair, Margaret Thatcher, Anouar el-Sadate ou Indira Gandhi. Depuis sa création ce programme, entièrement financé par le gouvernement américain, a ainsi repéré des milliers de personnalités, parmi lesquels plus de 290 chefs d'États ou de gouvernement actuels et passés.

Le but affiché est de «construire une compréhension mutuelle entre les États-Unis et les autres nations». Il s'agit donc de faire des futurs leaders de tous les pays de futurs alliés de la nation américaine. Depuis sa création, ce programme entièrement financé par le gouvernement américain a ainsi repéré des milliers de personnalités, parmi lesquels plus de 290 chefs d'Etats ou de gouvernement actuels et passés.

Au début des années 2000, le recrutement français de ces futures élites prend une nouvelle orientation. Après les attentats du 11 septembre 2001, dont les auteurs résidaient en Europe, il est devenu urgent d'améliorer l'image des États-Unis auprès des musulmans européens. Rapidement, l'intérêt s'est élargi à l'ensemble des minorités. Constatant l'importance de leur présence sur le sol européen, la diplomatie américaine en a logiquement déduit qu'il devrait un jour en émaner des «leaders». Ainsi, ceux qui étaient accablés par leur propre pays se sont vu dérouler le tapis rouge pour visiter les États-Unis dans des conditions plus que confortables.

Forts de ces nouveaux contacts, les services de l'ambassade ont réalisé qu'ils manquaient de connexions avec la France des quartiers populaires. Ils ont alors décidé d'élargir leur horizon en misant sur l'émergence d'une élite au sein des banlieues désargentées, et parmi les descendants de l'immigration postcoloniale. Selon leurs calculs, c'est là que devraient naître les futurs décideurs.

Cette mise en relation s'effectue de diverses manières. Plusieurs associations bénéficient du soutien de l'ambassade des États-Unis. Plus surprenant, les services diplomatiques américains dispensent des formations politiques aux militants en herbe. À plusieurs reprises, les équipes de campagne de Barack Obama se sont rendues à Paris pour former de jeunes militants des partis politiques – de gauche, de droite, ou issus de mouvements autonomes – aux techniques qui ont permis à leur camp de remporter la victoire.

Au-delà de la politique, les champs d'implication sont vastes. Dans une autre vie, l'actuel ambassadeur, M. Charles Rivkin, était producteur à Hollywood, il lui en est resté un certain goût pour la culture et les arts. Il le manifeste à travers le soutien de projets culturels tels ces fresques murales dessinées par des collectifs d'artistes franco-américains qui ornent les murs de plusieurs villes de banlieues, ou encore ces films réalisés par des sociétés de production établies en banlieue.

Le rappeur Ekoué – dont le groupe La Rumeur a pourtant été longuement poursuivi (en la personne du rappeur Hamé), puis relaxé, pour diffamation contre la Police nationale – est considéré par les autorités américaines comme un intellectuel activiste : il a été invité à dispenser un cours dans une université de Washington.

On pourrait imaginer que cet activisme ferait réagir les officiels français, mais il n'en est rien. Ce silence est d'autant plus marquant qu'il fait écho à une grande considération des Américains pour ces Français ignorés de leur propre pays.

Interrogé sur les raisons de sa présence – jugée suspecte – en banlieue, Charles Rivkin a rétorqué qu'il était ambassadeur en France, et non uniquement dans les beaux quartiers de Paris...

Si bien que l'on a plus de chance de croiser à la Courneuve M. l'ambassadeur des États-Unis que le ministre de l'Intérieur ou le président de la République, dont les visites-surprises, furtives et nocturnes, montrent à quel point ils se savent indésirables dans ces quartiers peuplés d'une «racaille» qu'ils aimeraient «nettoyer au Kärcher[1]».

Personne n'est dupe, la démarche états-unienne relève du fameux *soft power* conceptualisé par le géopoliticien Joseph Nye, une forme de diplomatie douce qui consiste à exercer une influence par des moyens non coercitifs. Via ce programme, et par bien d'autres biais, les États-Unis cherchent, comme ils l'ont toujours fait, des voies pour asseoir leur influence sur le monde.

D'ailleurs leur intérêt a donné des idées à quelques jeunes Français, lassés de l'indifférence de leur pays. Après avoir emmené un groupe d'élus aux États-Unis pour étudier la diversité version US, Kamel Hamza, conseiller municipal UMP, président de l'Association national des élus locaux de la diversité, a démarché l'émirat du Qatar et ainsi décroché une enveloppe de 50 millions, fonds d'investissement destiné à financer des projets économiques dans les banlieues populaires[2].

---

1 ropos tenus par le futur président Nicolas Sarkozy en 2005, à La Courneuve et à Argenteuil.

2 « Le Qatar lance un fonds pour financer des projets économiques dans les banlieues » , *Le Monde*, 9 décembre 2011.

Tollé généralisé! «Au secours, le Qatar colonise "nos" banlieues! Les musulmans financent leurs projets sulfureux avec l'argent du pétrole!» C'est en substance ce qu'on a entendu lorsque cet accord a été conclu.

Que le Qatar investisse dans de grandes entreprises françaises comme Dexia ou Veolia ne pose pas de problème. En revanche, qu'il se préoccupe des banlieusards, là ça coince. Habituellement ces gens n'intéressent personne, qu'est-ce qu'on pourrait bien leur trouver?

De la même manière, l'article du journal *Le Monde*, baptisé «Washington à la conquête du 9-3[3]», portant à la connaissance du public les démarches du département d'État, a fait naître une série de rumeurs et de fantasmes sur Internet, selon lesquels la CIA se cacherait derrière une vaste opération de manipulation des banlieues françaises, où elle formerait des pions qui, une fois placés sur l'échiquier politique français, prêteraient allégeance aux États-Unis et défendraient leurs intérêts en priorité...

À la lecture de telles mises en cause, je ne peux m'empêcher de m'interroger sur le fait que jamais nos prédécesseurs, appartenant sans doute à une élite perçue comme plus légitime, n'avaient été exposés à de tels soupçons. Pourquoi les banlieusards et les enfants d'immigrés d'aujourd'hui seraient plus facilement manipulables que les fils et filles de «bonne famille» d'hier? Notre servitude serait-elle monnayable contre un simple billet d'avion?

---

3   Luc Bronner, «Washington à la conquête du "9-3"», *Le Monde*, 7 juin 2010.

S'il y avait matière à s'inquiéter de l'hyperactivité des autorités américaines, il aurait fallu le faire bien avant que celles-ci ne recrutent dans les quartiers populaires.

Aux États-Unis, on me demandait régulièrement d'où je venais, et lorsque je répondais que je venais de Paris, la couleur de ma peau ne faisait naître aucun soupçon chez mes interlocuteurs. Alors qu'en France j'ai souvent droit à des réclamations m'intimant de fournir des précisions sur ma provenance *réelle* («mais d'où venez-vous *vraiment?*»), là-bas on me parlait naturellement de Sarkozy, de camembert et autres curiosités bien françaises.

Lors de mon séjour, la militante antiraciste que je suis fut conviée avec trois autres Français à étudier la «diversité» à l'américaine. Pendant trois semaines, notre programme «Managing Ethnic Diversity in the US» nous a conduits à travers le pays à la rencontre d'acteurs institutionnels, médiatiques, militants... impliqués dans les questions relatives aux droits civiques des minorités, à l'intégration des immigrés, au multiculturalisme, et bien sûr à la lutte contre le racisme.

J'ai eu la chance de découvrir l'Alabama de Rosa Parks[1], de discuter avec des représentants latinos et asiatiques à San Francisco, de rencontrer des lobbyistes musulmans et juifs à New York et des parlementaires au Capitole, où j'ai d'ailleurs été accueillie par une femme portant un hijab!

J'aurais tant apprécié pouvoir sillonner la France dans les mêmes conditions pour étudier les thèmes qui me sont chers...

---

1 Un jour de 1955, cette couturière noire refusa de céder le siège du bus qu'elle occupait à un homme blanc. Son arrestation déclencha l'ire de la population noire, qui entama alors le boycott de la compagnie de bus de la ville, qui aboutit à une décision de la Cour suprême déclarant que les lois de ségrégation raciale dans les bus en Alabama étaient anticonstitutionnelles. Dans les bus uniquement.

Mais qui, parmi les représentants de nos institutions, porterait le même intérêt à une militante venue d'une cité de banlieue ?

L'existence du programme des visiteurs internationaux repose sur l'idée que tous les pays ont à apprendre de l'expérience américaine. En tant que Française formée à la faculté de droit, je m'inscris assez logiquement dans la lignée de Tocqueville, qui a lui aussi parcouru le territoire américain pour une mission précise, puis est revenu dans l'Ancien Monde avec le projet d'exalter ce qui lui était apparu comme les vertus cardinales de la démocratie. Mais la fille d'immigrés africains, descendante d'indigènes que je demeure, traversée par les questions identitaires qui agitent nos débats nationaux, a développé une autre sensibilité, anticoloniale et critique, à l'égard d'une République qui souvent renie ses principes fondateurs.

Cette part de moi s'interroge quotidiennement sur la pertinence du modèle républicain tel qu'il nous est présenté.

Et si j'avais été américaine ?

Je suis française parce que je suis née en France, c'est au hasard de mon lieu de naissance que je dois cette appartenance. Si mes parents avaient fait le choix de migrer vers le Royaume-Uni, je serais devenue un sujet de Sa Majesté Elisabeth II. S'ils avaient préféré traverser l'Atlantique, je me définirais probablement aujourd'hui comme une *neo African-American*.

Il y a quelques années, j'ai rencontré un jeune Américain ambitieux: Thione Niang. Ce militant du parti démocrate et moi avions de nombreux points communs, il aurait pu être un membre de ma famille. Nous sommes nés la même année, et il a vu le jour à Kaolack, la petite ville sénégalaise où a grandi mon père. Nos chemins se seraient peut-être croisés plus tôt s'il avait, comme mes parents, décidé de s'installer en France. Mais contrairement à la plupart des Sénégalais qui choisissent la vieille Europe, Thione Niang a préféré la jeune Amérique. En 2000, âgé de 22 ans, il a débarqué à New York muni de quelques malheureux mots d'anglais et avec 20 dollars en poche. Moins de dix ans plus tard, il est devenu un des hommes clés de la campagne de Barack Obama, en charge de Gen44, le comité financier de campagne des moins de 40 ans.

Comment expliquer le parcours de cet homme qui quitta son Sénégal natal jeune adulte, alors qu'il parlait à peine la langue de Shakespeare, et qui est aujourd'hui devenu un des leaders des jeunes démocrates, proche collaborateur du président Obama? Et s'il avait choisi la France?

Le jeune politique le répète: «L'Amérique m'a offert une chance que je n'aurais eue dans aucun autre pays.» D'abord garçon de salle, il s'est engagé en 2005 avant de s'impliquer dans la campagne présidentielle d'Obama, première marche d'une ascension qui l'a mené à la rencontre du futur président des États-Unis d'Amérique.

Aujourd'hui il est presque plus royaliste que le roi, son patriotisme le pousse à chanter partout où il le peut les louanges d'une Amérique intégratrice.

Lorsqu'il se rend en France, Thione Niang est reçu avec les honneurs. Lors de l'événement de clôture des débats sur l'identité nationale, l'Institut Montaigne, important think tank, lui a offert une place de choix aux côtés du ministre de l'Identité nationale Éric Besson, et du Premier ministre François Fillon. Je ne peux m'empêcher de penser que si, dix ans auparavant, il avait opté pour la France, ces éminentes personnalités se seraient probablement montrées moins bienveillantes à son égard. Qui sait s'il ne quémanderait pas encore des papiers l'autorisant à s'établir légalement sur notre territoire? Peut-être serait-il détenu dans un de ces cruels centres de rétention, en attendant qu'un charter l'expulse vers le pays de ses ancêtres? Et, dans le meilleur des cas, s'il avait été régularisé, il devrait régulièrement nourrir ces files d'étrangers qui, dès l'aurore, se massent devant les préfectures dans l'espoir de voir leurs papiers renouvelés.

Dans notre France qui se rétracte, se replie sur elle-même, un tel destin, une telle success story sont devenus inimaginables. L'histoire de Thione Niang donne corps au mythe de l'*American Dream*, mais qu'en est-il du rêve français?

Où sont nos Will Smith, Lucy Liu et Jennifer Lopez français?

Ces derniers temps, Omar Sy s'est illustré comme étant le premier comédien français noir ayant un rôle principal dans une grande comédie populaire. Le premier oui. En 2011.

L'ambassade américaine à Paris, dans sa démarche auprès des minorités et des quartiers populaires, a beaucoup usé de ses liens avec Hollywood pour capter l'intérêt des jeunes populations. Grâce à l'entregent de l'ambassadeur des États-Unis, les jeunes de Seine-Saint-Denis et de l'ouest parisien ont eu le rare privilège de faire la connaissance de stars d'envergure internationale comme l'acteur Samuel L. Jackson, qui s'est rendu en 2010 à Bondy (Seine-Saint-Denis), ou le leader des Black Eyed Peas, Will.i.am, qui en 2011 a rencontré des jeunes du 20ème arrondissement de Paris.

Alors que ces stars noires ont un succès planétaire, les étoiles françaises qui brillent à l'international ont plutôt les traits de Gérard Depardieu, Audrey Tautou ou de Marion Cotillard.

Le nom de l'acteur Isaach de Bankolé a été effacé de nombreuses mémoires, et pourtant il a à son actif un fait d'armes non négligeable : il est le premier acteur noir qui ait été couronné d'un César. C'était en 1987, pour son rôle dans *Black Mic-Mac* de Thomas Gilou. Après lui plus aucun Noir n'a été primé jusqu'à ce qu'Omar Sy ne brise ce cycle... vingt cinq and plus tard !

Rappelons qu'aux États-Unis Hattie McDaniel avait obtenu un Oscar en 1940 ! Son rôle de nanny docile dans *Autant en emporte le vent* était certes très caricatural, mais c'est dans son sillage que, des années plus tard, Sidney Poitier a été sacré meilleur acteur en 1964. La France était alors fort loin d'envisager de récompenser des acteurs comme ceux-là.

Aujourd'hui, de nombreux comédiens non blancs français se plaignent d'être enfermés dans des rôles stéréotypés : lorsqu'on ne leur demande pas de jouer avec un accent «africain» qu'ils n'ont pas, ils se voient encore trop souvent confier des rôles de sans-papiers, de voyous, de prostituées ou de domestiques. Même dans le domaine du doublage, les comédiens noirs sont cantonnés aux rôles de Noirs[1].

Certes nos Césars ont su récompenser une nouvelle génération d'acteurs originaires des Caraïbes, du Maghreb ou d'Asie, tels que Zita Hanrot, Sami Bouajila, Linh-Dan Pham, Leïla Bekhti ou Tahar Rahim. Certes ils ont nommé Pascal Légitimus, Hubert Koundé et dernièrement Aïssa Maïga, mais il reste fort difficile de citer des noms de comédiens non blancs

---

1 Rapport du Club Averroes sur la diversité dans les médias (2008).

dont la notoriété équivaut à celle de stars oscarisées comme Denzel Washington ou Halle Berry.

Aujourd'hui, l'ancien espoir du cinéma français Isaach de Bankolé fait carrière de l'autre côté de l'Atlantique où son visage apparaît dans le cinéma de Jim Jarmusch, dans un James Bond, ou encore dans la série culte *24 heures chrono*. Comble de l'ironie, c'est cette carrière internationale qui lui vaut de recevoir en 2007, la distinction de chevalier de la Légion d'honneur. Et Omar Sy semble avoir pris le même chemin : désormais installé à Los Angeles, on l'a aperçu dans des superproductions hollywoodiennes dont un des films de la série *X-Men*.

Le chemin vers le Nouveau Monde a séduit d'autres acteurs français. L'acteur Saïd Taghmaoui, remarqué dans *La Haine*, qui peinait à se faire une place, a fini par adopter la nationalité américaine pour répondre aux sollicitations du cinéma américain.

L'exemple américain est un constat de l'incapacité de notre pays à offrir à chacun de ses citoyens les promesses contenues dans l'idée même de la République. Aux États-Unis, les perspectives de réussite sont souvent individuelles, ce qui est regrettable. Mais la France ne propose pas de meilleurs espoirs à ce niveau et ne se distingue pas son aptitude à peser sur la destinée collective : elle peine à offrir à tous ses citoyens les perspectives dont ils rêvent.

Ce constat peut sembler désespérant : la machine républicaine française serait-elle rouillée ? Peut-être. Une chose est sûre cependant. C'est parce qu'elle croit pouvoir se dispenser d'une grande partie de ses ressources qu'elle est à bout de souffle. La France appartient aussi à celles et ceux qui sont en permanence méprisés et ignorés, il faudra donc enclencher un changement radical pour espérer conjuguer notre destinée collective au futur.

Chapitre 4
Comment inventer
le rêve français ?

Une civilisation qui s'avère incapable de résoudre les problèmes que suscite son fonctionnement est une civilisation décadente[1].

Aimé Césaire

Manifestement la machine républicaine s'est enrayée. Son mécanisme est entravé par une série de blocages inhérents au fonctionnement même de la société française. Les révolutionnaires de 1789 aspiraient à l'avènement d'une société où les privilèges n'auraient plus cours. Hélas, celle que nous formons aujourd'hui est loin d'offrir une place égale à toutes celles et tous ceux qui la composent.

---

1 Aimé Césaire, Discours sur le colonialisme, Présence africaine, 1955.

Notre pays tend à se replier sur lui-même. Enfermé dans une politique de rejet de plus en plus explicite des étrangers, la France persiste à promouvoir une image mythifiée d'elle-même, en total décalage avec ce qu'elle est réellement.

Nous devons créer les bases d'un nouveau contrat social, qui permettrait de donner corps à un rêve dans lequel chacun trouverait sa place. Pour ce faire, il est urgent de mettre fin aux grands déséquilibres qui subsistent dans la répartition des pouvoirs et de réviser le rapport de la France au monde. L'adoption de quelques actes fondateurs serait un premier pas vers la construction d'une société plus juste.

Acte 1 : Cessons le nombrilisme culturel !

Les recherches[1] du sociologue et journaliste Frédéric Martel décryptent la manière dont se construit le *mainstream*, « la culture qui plaît à tout le monde ».

Il décrit la manière dont, au début des années 2000, les revenus générés à l'international par les films américains ont dépassé ceux du marché intérieur US. Les productions américaines sont aujourd'hui plus souvent vues à l'extérieur qu'à l'intérieur même du territoire américain, ce qui pousse les studios à en tenir compte en concevant leurs films. Frédéric Martel parle d'« *entertainment* global », qu'il oppose à « l'artisanat » français. L'artisanat pourrait qualifier une belle facture, mais il n'en est rien : il ne s'agit pas dans ce cas de vanter la qualité ou l'authenticité particulière dont le cinéma français serait le résultat, bien au contraire.

---

1 Frédéric Martel, *Mainstream. Enquête sur cette culture qui plaît à tout le monde*, Flammarion, 2010.

La culture française a beaucoup perdu de son ascendant mondial. Elle peut toujours se prétendre détentrice d'un certain art de vivre, mais sa centralité et son autorité ne sont plus.

Le cinéma français n'est plus le fer de lance ni la référence en matière de création cinématographique. À quelques exceptions près, la plupart des films français ne parviennent pas à dépasser les frontières du pays.

Il faut dire que nombre d'entre eux dépeignent des réalités fort éloignées de ce qu'est véritablement la France. Les nombreux trentenaires et quadra, aux tribulations desquels nous assistons, sont souvent très parisiens et très blancs[2]. Bien qu'appartenant dans bien des cas aux classes moyennes, ils ne connaissent vraisemblablement pas la crise du logement, comme en témoignent les vastes appartements lumineux qu'ils occupent. Le monde dans lequel ils évoluent semble expurgé de tout ce qui pourrait rappeler la réalité. Il suffit de les regarder déambuler dans les rues d'un Paris étrangement blanc ou emprunter des trains dans des gares où les foules n'ont rien de commun avec celles qui peuplent réellement les rues de Paris.

Les succès des films comme *Indigènes* ou *Tout ce Qui Brille*[3] qui mettent à l'affiche des acteurs d'origine étrangère ne sont que des paravents qui cachent l'essentiel de la production cinématographique française bien éloignée de cette représentation réaliste de la France.

S'ils ne mettent jamais les pieds en France, les plus francophiles des amateurs de cinéma qui vivent à l'étranger

---

2 Tout Pour Plaire de Les Chansons d'Amour de Christophe Honoré, 2007, LOL de Liza Azuelos 2009, Les Petits Mouchoirs de Guillaume Canet 2010 et bien d'autres...

3 Indigènes de Rachid Bouchareb 2006, Tout ce Qui Brille de Géraldine Nakache 2010

ne peuvent se douter une seconde de ce à quoi ressemblent vraiment les Français.

Cette incapacité à produire une image de la France fut merveilleusement illustrée en juin 2005, lorsque Paris soumit sa candidature pour les jeux Olympiques de 2012. Le film promotionnel[1], censé présenter Paris paré de ses plus beaux atours, offrait la vision d'un paysage de carte postale, image passéiste d'une France vieille et ennuyeuse, dont les figures de proue (Johnny Hallyday, Michel Drucker, Jean-Paul Belmondo...) ont commencé leur carrière dans les années 1960. Pour couronner le tout, ce sont les chansons de Charles Trenet, star des années 1930, qui faisaient office de fond musical. Avec le recul, il semble inouï d'imaginer que Paris ait pu espérer décrocher l'organisation d'un événement sportif international et tourné vers l'avenir avec un film la montrant ancrée dans un passé lointain et repliée sur elle-même.

C'est Londres qui a finalement remporté la compétition et obtenu le droit d'accueillir les jeux Olympiques de 2012. Leur film, aux antipodes des clichés français, a sans aucun doute contribué à séduire le jury. Porteur d'un message universel, il montrait l'image d'une ville cosmopolite revendiquant sa jeunesse, boosté par le texte du leader antiraciste historique et premier président noir d'Afrique du Sud Nelson Mandela, positionnant Londres comme le carrefour de cultures diverses connecté avec le monde.

Une décennie plus tard, la leçon est apprise. Lorsque Paris présente sa candidature pour les Olympiades de 2016, c'est son caractère métissé qui est loué. Le choix de l'actrice Sabrina Ouazani comme narratrice associé à la mise en lumière de

---

1 Réalisé par Luc Besson.

la ville de Saint-Denis (93) *« le territoire le plus jeune et le plus cosmopolite de France »*, montre enfin une prise de conscience par la France de ses atouts.

En littérature, même combat : les auteurs d'origine étrangère (notamment descendant des anciens colonisés) qui s'aventurent sur le terrain littéraire restent assignés à l'image de « l'écrivain(e) de banlieue », ou réduits à des thématiques spécifiques. Il suffit de se balader à la Fnac et de s'arrêter au rayon « témoignage », pour voir un pan entier de livres écrits par des femmes d'origine maghrébine racontant de quelle manière elles ont été voilées, mariées, excisées de force, battues, voire brûlées par leurs frères ou leur père, et à quel point elles aspirent à quitter leur milieu d'origine. Sans nier la véracité de leurs histoires, ni la douleur qui en découle, la profusion de ce type d'ouvrages, et la surreprésentation des femmes de culture musulmane parmi les témoins de ces drames humains, en disent long sur la perception que l'on offre d'elles. Cela laisse également imaginer combien il peut être difficile pour des femmes d'origine étrangère qui portent un autre discours, éloigné des clichés, de susciter l'intérêt des éditeurs.

Nombreux sont les écrivains issus de quartiers populaires et d'origine étrangère qui œuvrent pour se départir de cette étiquette. Ainsi est né en 2007 le collectif « Qui fait la France ? », à l'initiative de dix auteurs[2] las de se voir résumés à la caricaturale « banlieue ». Le nom (on peut aussi entendre « Kiffer la France ») résume à lui seul la posture à la fois constructive, et affirmative : on lit de manière sous-jacente « nous sommes la littérature française ».

La France s'est déjà révélée tout à fait capable de produire une image d'elle-même originale et dynamique, comme le démontre le

---

2 Mohamed Razane, Mabrouck Rachedi, Khalid El Bahji, Habiba Mahany, Dembo Goumane, Jean-Éric Boulin, Thomté Ryam, Faïza Guêne, Karim Amellal.

succès international de films réalistes, tels *Polisse*, *Les Intouchables* ou *Qu'est ce qu'on a fait au bon Dieu?* drames ou comédies populaires qui dépeignent des personnages que le cinéma français préfère habituellement cacher.

Et chaque année les Français prouvent que, contrairement à ceux qui leur imposent leurs images, ils ont intégré l'idée que leur pays comptait des personnes d'origines diverses.

En 2016, le classement des personnalités préférées des Français[1], réalisé deux fois par an, plaçait en tête le comédien Omar Sy. Les classements précédents étaient menés par le chanteur Yannick Noah, l'ex-figure charismatique de l'équipe de France de football, championne du monde en 1998 ou Zinedine Zidane (qui domina ce classement pendant plusieurs années), succédant à ceux qui dominaient le classement dans les années 1980, l'abbé Pierre et le commandant Cousteau.

Les nouvelles stars françaises présentent des visages qui ne correspondent pas aux images d'Épinal dont certains font encore la promotion. Et nombre de ces stars n'ont pas les faveurs des médias. Comment expliquer le fait que les rappeurs figurant parmi les plus gros vendeurs de disques en France soient si peu exposés? Les héritiers de Truffaut ne se trouvent probablement pas au Café de Flore. Peut-être parcourent-ils en ce moment même, caméra au poing, le bitume des quartiers populaires, en quête de séquences qui feront demain le succès de notre cinéma? Ce n'est pas un hasard si Omar Sy lors de sa victoire au du des Lumières de la presse étrangère a déclaré *« il y a des moments dans ma vie où je me suis senti un peu étranger en France »* en remerciant la presse étrangère de lui *« rappeler qu'il était français »*[2].

1 IFOP pour *Le Journal du dimanche*.
2 BFM TV – 14 janvier 2012.

N'en déplaise au député qui tentait de censurer les rappeurs «issus de l'immigration[3]», ce sont eux qui expriment la verve de la France populaire. Oxmo Puccino, Kery James, Casey et les autres sont les chansonniers d'aujourd'hui, les enfants de Brassens, de Brel et de Ferré, ceux qui défendent le mieux la langue française et sont les meilleurs narrateurs de la révolte «d'en bas».

Contrairement à ce que pourraient croire les esprits chagrins, c'est bien par leur langage que les cités populaires sont le plus ancrées dans la nation. Qui réveille la mémoire de la langue française mieux que les jeunes des quartiers populaires?

L'argot popularisé par les habitants des quartiers populaires se réfère à la mémoire de la langue française. Ainsi le mot «daron(ne)», que les jeunes générations emploient aujourd'hui couramment pour désigner leurs parents, n'est que la résurgence d'un mot provenant de l'argot du XIXᵉ siècle[4].

Frédéric Martel constate en Europe une valorisation de la culture élitiste nourrie d'un profond désintérêt pour les cultures populaires, qu'il met en balance avec les productions culturelles américaines qui ne semblent pas effrayées par le mélange des genres ni par une vocation divertissante assumée.

Au fil du siècle dernier, les États-Unis ont démontré une formidable capacité à ingérer la culture populaire, pour en faire la culture de tous. Les artistes hip-hop y sont devenus des icônes nationales, auxquelles des Américains d'origines sociales variées s'identifient. Les cultures urbaines ne sont pas reléguées à d'effrayantes «banlieues», elles sont aussi les États-

---

3 Michel Raison, député UMP de la Haute-Saône. Voir chapitre 1.

4 Jacques Cellard et Alain Rey, *Dictionnaire du français non conventionnel*, Hachette littérature, Paris, 1980, p. 259.

Unis. Le cinéma est une incroyable machine à promouvoir les cultures des minorités, et à valoriser les cultures populaires pour en faire de véritables succès, y compris dans nos contrées.

Ce n'est qu'en s'emparant des cultures marginalisées pour en faire le cœur de la culture française que nos arts parviendront à se renouveler. L'idée selon laquelle la prise en compte de cultures populaires dégraderait le niveau général des productions artistiques est une aberration. C'est l'endogamie culturelle qui appauvrit la culture française et la rend si peu attractive. La production artistique est vivace en France, il serait dommage de s'en détourner pour se contenter d'un regard dans le rétroviseur. Il y a eu par le passé des artistes d'envergure en France, mais il existe aussi aujourd'hui un véritable bouillonnement dans lequel il n'y a qu'à plonger.

Martel considère la diversité culturelle comme une des clés du succès de la production américaine. Alors que la France s'arc-boute sur son «identité nationale», rejette le multiculturalisme, il plaide pour une ouverture et de la valorisation des cultures des immigrés et de leurs descendants.

Acte 2 : France, ouvre-toi !

En janvier 2012, Claude Guéant, ministre de l'Intérieur, présente à la presse son bilan relatif à l'immigration. Le gouvernement auquel il appartient a placé la lutte contre l'immigration – légale ou non – et parfois contre certains enfants d'immigrés, citoyens français, et leurs expressions culturelles au cœur de son action. Fier de ses résultats, Claude Guéant a exposé des chiffres records. Le nombre de reconduites à la frontière serait de 32 912 pour l'année 2011 – niveau jamais atteint dans toute l'histoire de la Vème République –, une hausse de 17,5 % en comparaison avec l'année précédente. Ce chiffre ahurissant inclut l'expulsion de plusieurs milliers de jeunes Tunisiens, réfugiés en France après la révolution. Près de 33 000 personnes arbitrairement boutées hors des frontières du pays contre leur gré ! Ces êtres humains, parfois mineurs, qui avaient été contraints de quitter les lieux où ils vivaient, leurs amis, parfois leur famille dans l'espoir d'une vie meilleure, ont vu leurs rêves s'évanouir avec l'apposition d'un cachet sur un formulaire d'expulsion.

Ces expulsions de personnes, «éloignées» de France selon la pudique terminologie administrative, ne sont que la mise en application d'une politique annoncée par Nicolas Sarkozy dès sa campagne présidentielle en 2007. Ces objectifs chiffrés, sans aucun fondement rationnel, n'ont servi qu'à donner des signes caricaturaux à un électorat en mal de boucs émissaires, réduisant des êtres humains à de numéros, de simples lignes sur une liste.

Concrètement, l'aboutissement d'un tel objectif implique la mise en place sur le terrain d'un important dispositif policier pour interpeller les futurs expulsés. La journaliste Audrey Pulvar est à ce jour la seule qui ait mis le président Nicolas Sarkozy face aux implications pratiques de cette politique en l'interrogeant : «À combien de contrôles d'identité, d'arrestations, faut-il procéder pour pouvoir arrêter 25 000 personnes par an[1]?» En effet, combien de personnes sont quotidiennement exposées au harcèlement policier, enfermées dans des centres de rétention, et condamnées à vivre dans la clandestinité?

Le président, embarrassé, se tortille sur son siège, élude la question lui reprochant d'avoir une «curieuse façon de présenter les choses» pour finir par lui dire: «Je comprends que

---

1 Interview de Nicolas Sarkozy, «Journal de 20 heures», France 3, 30 juin 2008.

ce sujet vous touche.» On se demande pour quelle raison Nicolas Sarkozy estimait que ce sujet devait toucher particulièrement la journaliste. En raison de sa couleur de peau ? Audrey Pulvar ne lui a pas laissé le loisir de s'étendre, elle a immédiatement précisé que le sujet la touchait *«en tant qu'être humain».* Humanité dont la politique défendue par la majorité est totalement dépourvue.

Les chiffres annoncés du temps de la campagne présidentielle (25 000 reconduites à la frontière, ce qui paraît presque raisonnable aujourd'hui !) ont été largement dépassés, ce qui a donné des ailes au ministre de l'Intérieur, qui n'a pas caché son intention de passer à la vitesse supérieure pour le porter à 35 000 en 2012. Volonté accompagnée d'une ferme intention de réduire l'immigration légale de 10%, actant de la fermeture de la France, faisant fi des recherches qui ont maintes fois démontré combien l'immigration était nécessaire.

Le dispositif anti-immigration qui dégrade de manière générale les conditions d'accueil des étrangers est très complet : il durcit les conditions d'accès à la nationalité française, restreint la possibilité de regroupement familial, et réduit les chances des étrangers non européens d'obtenir des visas de travail.

Une circulaire publiée le 31 mai 2011, et qui a soulevé d'intenses protestations dans les milieux de l'enseignement supérieur, impose même aux étudiants étrangers diplômés en France un parcours du combattant s'ils souhaitent y travailler.

En outre, le gouvernement fait preuve d'une imagination débordante pour réduire le nombre d'étrangers et de candidats à la naturalisation : le niveau requis en langue française et la nécessaire connaissance des valeurs et principes de la République sont devenus tels que des millions de Français ne pourraient prétendre à leur propre nationalité s'ils y étaient soumis.

Les résultats ne se sont pas fait attendre, le nombre de naturalisation a baissé de 30%. Devenir français est aujourd'hui un véritable exploit.

Par ailleurs, l'immigration professionnelle a baissé de 26% entre 2010 et 2011, ce qui comprend également le domaine culturel.

En 2008, le ministère de l'Immigration, de l'intégration, de l'identité nationale et du développement solidaire dirigé par Éric Besson a reconnu qu'il avait refusé de délivrer des visas à 12% des artistes africains invités à venir se produire en France.

Dans une tribune, Alain Mabanckou et Christian Eboulé, intellectuels français nés en Afrique, s'insurgent contre le sort réservé aux artistes qui tentent de se produire en France.

«Alors que, traditionnellement, artistes et intellectuels d'Afrique noire bénéficiaient d'une certaine bienveillance dans l'octroi des visas, la donne semble avoir complètement changé. Chaque jour, les refus de visas se multiplient, notamment en période estivale, où les invitations à participer à des festivals et autres manifestations culturelles sont nombreuses[1].» Ils dénoncent ainsi le caractère pernicieux et humiliant des procédures administratives, au cours desquels les artistes sont convoqués par les consulats à des dates postérieures à la tenue des festivals auxquels ils sont censés participer.

---

1 Alain Mabanckou et Christian Eboulé, «Festivals d'été : les artistes africains privés de visa», *Libération*, 29 juillet 2009.

Paradoxalement, ces artistes n'ont aucun mal à se produire dans les pays européens voisins, aux Pays-Bas ou au Royaume-Uni, plus conscients de l'apport de leur présence sur leur sol.

Comment un pays qui prétend attacher une telle importance à la culture peut-il ainsi maltraiter ceux qui font la vie culturelle? Quelle place la France peut-elle prétendre occuper dans le monde de la culture, si les artistes du monde n'y sont plus les bienvenus?

Acte 3 : Halte à l'omniprésence des néo-réacs

L'histoire commence comme ça: un jour, des journalistes et intellectuels français de tout bord, des rebelles dans l'âme, d'authentiques résistants, en ont eu assez du «politiquement correct» et ont décidé d'entrer en rébellion. Ils n'en pouvaient plus de ne pas pouvoir «dire tout haut ce que tout le monde pense tout bas». Leurs imprécations permanentes contre la «bien-pensance» ambiante – qu'ils prennent un malin plaisir à malmener – leur ont valu une place de choix dans le débat public. Les indomptables occupent depuis plusieurs années le terrain médiatique. Désormais, à chaque fois que les Français allument la télévision, la radio ou ouvrent un journal, ils ont le plaisir – ou le malheur! – de les entendre[1].

Contre l'odieux «politiquement correct» (comprenez la gauche), ils n'éprouvent aucune crainte de s'exprimer, et fustigent à tour de rôle cette immonde Pensée Unique qui contamine leurs confrères. Leurs déclarations tonitruantes leurs valent l'admiration du cénacle médiatico-parisien: «Quel courage!» lancent avec enthousiasme leurs zélateurs.

---

1 Voir le livre précurseur de David Lindenberg, *Le Rappel à l'ordre. Enquête sur les nouveaux réactionnaires*, Le Seuil, 2002.

Leurs discours sont différents mais se rejoignent. Leurs cibles de choix : tous ceux qui font trembler la France (surtout parce que, c'est bien connu, ils en tiennent secrètement les rênes) : les musulmans, les femmes, les Noirs, les Arabes, les homosexuels, les écolos...

Hélas, leur tâche aussi ardue qu'altruiste est rendue difficile par ceux qui tentent de les museler. Les vérités qu'ils portent à la connaissance de tous tels les nouveaux hérauts de la liberté d'expression, ne font pas plaisir à tout le monde ! Ils doivent se débattre de toutes leurs forces pour permettre à leurs propos de trouver un créneau de diffusion.

Mais pourquoi tant de haine ? Ces tirs à boulets rouges sur les minorités ne sont-ils pas la manifestation d'une peur ? La peur de voir une époque se clore ? La crainte de voir les minorités s'approprier la précieuse « identité nationale » ?

C'est ainsi qu'un groupe s'est formé, le « club des réacs », il a décidé de riposter contre ces infâmes barbares qui salissent l'identité française, dont on ne sait pourquoi ils ont choisi de se porter garants. Tels de preux chevaliers, ils bondissent sur tout ce qui ne leur semble pas « nationalement correct ». Particulièrement attentifs à ceux qu'ils soupçonnent de ne penser qu'à « niquer la France », ils ne supportent pas qu'on se remémore les torts passés de la nation. À la simple idée d'évoquer l'esclavage ou la colonisation, ils s'étranglent de rage. Ces bronzés auraient l'outrecuidance de critiquer la France, alors qu'elle les a arrachés de leur bled d'origine où ils croupissaient dans la misère ? De quoi se plaignent-ils ?

Ces dernières années ont donc vu poindre des chroniqueurs dits « réactionnaires », dont le métier semble se résumer à une vocifération contre une France trop basanée en grave danger d'islamisation. Ces défenseurs de la pureté identitaire ont été épinglés par un article du Monde[1], faisant état d'un journalisme «réac» devenu «un véritable filon» pour faire carrière.

L'article cite les noms d'Éric Zemmour, Élisabeth Lévy (rédactrice en chef du site et du magazine *Causeur*), de Robert Ménard (ancien secrétaire général de Reporters sans frontières et animateur sur i>télé), Ivan Rioufol (éditorialiste au *Figaro*), et Éric Brunet (animateur sur RMC), un club des cinq d'un genre nouveau.

Leur crédo? Réactionnaires et fiers de l'être! Ils l'affirment sans détour dans leurs débats et jusque dans les titres de leurs livres. Quand Éric Brunet publie *Dans la tête d'un réac*[2], Ivan Rioufol écrit *De l'urgence d'être réactionnaire*[3], et d'autres vont plus loin en affichant carrément la carte de l'extrême droite comme Robert Ménard avec son opus baptisé *Vive Le Pen*[4]!

Éric Zemmour est le plus connu d'entre eux, une notoriété dont d'autres seraient moins fiers. Il s'est illustré lors de nombreuses altercations verbales, mais surtout il est le seul dont le racisme soit estampillé d'un sceau officiel. En 2010, suite à des propos tenus sur un plateau de télévision[5], il a été reconnu par la justice comme étant l'auteur d'une «provocation à la discrimination raciale[6]». Même Marine Le Pen ne peut se prévaloir d'une telle reconnaissance. Ce jour-là, emporté par un de ses élans de chroniqueur vedette, il avait affirmé que les employeurs avaient tout à fait le droit d'écarter les Noirs

---

1 Raphaëlle Bacqué, «Dans les médias, "les journalistes réacs sont devenus un véritable filon"», *Le Monde*, 5 avril 2011.

2 Éric Brunet, *Dans la tête d'un réac*, Nil, 2010.

3 Ivan Rioufol, *De l'urgence d'être réactionnaires*, PUF, 2012.

4 Emmanuelle Duverger et Robert Ménard, *Vive Le Pen !*, Mordicus, 2011.

5 Dans «L'Hebdo», sur France Ô, le 6 mars 2010.

6 Condamnation du 17 février 2011.

et les Arabes lors de leurs recrutement, arguant du fait que «la discrimination, c'est la vie, et que la vie c'est injuste». Les juges, visiblement plus au courant de ce qu'est la justice, l'ont sanctionné.

Non contents de répandre leurs idées empreintes de haine dans tous les médias, ces journalistes réacs se placent explicitement dans l'optique d'«un combat idéologique et culturel». «Nous faisons trembler la République[7]», se vante ainsi Éric Zemmour, convaincu d'avoir «pénétré dans la machine à propagande par les émissions où se produisent aujourd'hui les nouveaux maîtres à penser: les acteurs, les chanteurs, les people». Il recourt à l'entrisme pour défendre une ligne idéologique qui est pourtant très bien mise en valeur par la majorité actuelle de droite.

Ce n'est pas un hasard si, sitôt sa condamnation prononcée, Éric Zemmour a répondu à l'invitation des députés de l'UMP, Jean-François Copé en tête. Après avoir vertement critiqué la décision de justice rendue à son égard, puis enjoint la majorité à «couper les vivres aux associations antiracistes» et à changer les lois qui lui ont valu d'être condamné, il est ovationné par des députés montrant ainsi leur ignorance de la séparation des pouvoirs. Qu'un délinquant vienne décrier la peine à laquelle il a été condamné face à une partie du corps législatif, c'est du jamais vu. Que ces derniers l'applaudissent laisse perplexe.

Les prétendus rebelles sont en réalité les meilleurs alliés du pouvoir, qui le leur rendent bien. Éric Zemmour est d'ailleurs un des rares journalistes ayant eu le privilège de déjeuner à la

---

7 Raphaëlle Bacqué, art. cit.

table de l'Élysée[1]. Au pays des droits de l'homme, fût-il blanc, un tel favoritisme devrait faire désordre.

Acte 4 : À bas la gérontocratie !

Nous vivons dans un pays gouverné par des personnes âgées. En politique, dans les médias, dans le monde économique, les moins de 30 ans sont invisibles : ils n'ont jamais voix au chapitre.

Sarkozy, lors de son élection en 2007, a été présenté comme un «jeune» président de la République. Il est vrai qu'il n'avait «que» 52 ans, à ce jeune âge, il faisait figure de jouvenceau parmi les gérontes qui font la politique française. On se souvient à peine de l'exception de Valéry Giscard d'Estaing qui fut élu président de la République à l'âge de 48 ans.

Les débats politiques qui ont marqué l'histoire de la télévision française sont régulièrement rediffusés. Et chaque fois, je suis stupéfaite de constater que les journalistes d'il y a trente, voire quarante ans – tels Jean-Pierre Elkabbach, Alain Duhamel ou encore Étienne Mougeotte – étaient déjà ceux qui dominent le paysage médiatique d'aujourd'hui. Sans envisager d'éradiquer les plus de 70 ans de la surface télévisuelle, il me semble légitime de questionner une telle longévité, loin d'être exceptionnelle. Le temps s'écoulerait-il au ralenti en France ?

La proposition d'Arnaud Montebourg de mettre en place une mesure interdisant l'investiture de candidats socialistes âgés de plus de 67 ans pour les élections législatives de 2012 a provoqué une levée de boucliers d'une rare vigueur. Jack Lang en tête,

---

1 Raphaëlle Bacqué, «Nicolas Sarkozy a repris ses déjeuners réguliers avec des intellectuels», *Le Monde*, 26 mars 2011.

éternel jeune premier du haut de ses 72 ans, qui il y a trente ans était ministre de la Culture – poste qu'il a occupé pendant dix ans, et qui il y a vingt-cinq ans était déjà député, n'a pas digéré l'idée d'une possible mise à l'écart. Ce même Jack Lang qui 30 ans auparavant était déjà ministre de la Culture, poste qu'il a occupé 10 ans durant, le Jack Lang qui 25 ans plus tôt était déjà député. Les carrières politiques ne peuvent donc se terminer que les pieds devant ?

Le débat de la répartition du pouvoir d'une génération à l'autre mérite pourtant d'être ouvert. La démocratie française semble affectée par un mal profond qui ne touche pas de la même manière les autres pays démocratiques. Chez nous, l'âge avancé (gage de sérieux ?) est une condition *sine qua non* de l'entrée dans la danse politicienne. C'est le constat de Grégoire Tirot, auteur de *France anti-jeune*[2], dont les observations attestent du fait que « le pouvoir est très largement confisqué par les aînés[3] »

Les données relatives à l'âge moyen de nos élus ne sont pas révélatrices d'une nation jeune et vigoureuse : les sénateurs ont en moyenne 61 ans, et après l'élection de 2012, plus de 80 % des députés avaient plus de 50 ans (dont 48 % de plus de 60 ans !). Il n'en a pas toujours été ainsi. En 1981, l'Assemblée nationale comptait plus d'une centaine d'élus de moins de 40 ans, aujourd'hui ceux-ci ne représentent plus que 4 % des élus de la Chambre basse. Côté Sénat ce n'est guère mieux, avec seulement 2 % de moins de 40 ans... L'évolution des chiffres montre que la moyenne d'âge des Chambres a augmenté, et que ce sont les mêmes qui occupent leurs sièges depuis des décennies. Ceux-ci ont ravi les clés du pouvoir et n'entendent vraisemblablement pas les rendre de leur vivant.

---

2 Grégoire Tirot, *France anti-jeune. Comment la société française exploite sa jeunesse*, Max Milo, 2008.

3 Grégoire Tirot, « Une France de plus en plus gérontocratique », *Le Monde*, 29 décembre 2011.

Les chiffres plus récents cités par Grégoire Tirot sont tout aussi éloquents: «*Alors qu'à la fin de 2010, les plus de 60 ans représentent 23% de la population, ces derniers occupent plus de 60% des sièges d'élus nationaux. À l'inverse, les 25-40 ans, soit 19% de la population française, ne constituent que 3% des membres du Parlement.*» Au pays de l'Égalité, cela devrait faire désordre. Comme il l'indique: «*Il résulte logiquement de ce constat que les jeunes générations sont exclues de la sphère politique, qu'elles boycottent en retour.*» Comment s'étonner de leur désintérêt de la chose politique, puisqu'il leur est quasiment impossible de s'y faire une place?

Cette inégalité à l'accès au pouvoir politique est en totale contradiction avec les principes démocratiques induits par la République.

Sur cette question, la situation de la France détonne: dans d'autres pays, le personnel politique ne se cramponne pas de la sorte, ce que démontrait une étude du *New York Times* publiée en 2008. Si en France, 85% des parlementaires cumulent leur mandat national avec un mandat local, ce n'est pas le cas chez nos voisins. Au Royaume-Uni, ils sont 13%, en Allemagne 10%, en Espagne 15% et en Italie 16%. Nous sommes face à une exception française, dont se satisfont nos élus. Comment les jeunes générations peuvent-elles espérer faire une carrière politique sachant que tant d'élus du peuple occupent deux ou trois mandats, si ce n'est davantage?

Les jeunes pâtissent non seulement du manque d'opportunités, mais aussi de la perception que leurs aînés ont d'eux. Un sondage Ipsos réalisé pour *Le Monde*[1] montrait que les jeunes étaient considérés comme égoïstes par 63% des

---

1 Luc Bronner, «Le jugement sévère des Français sur la jeunesse», *Le Monde*, 24 novembre 2011.

sondés, paresseux (53%), intolérants (53%) et insuffisamment engagés politiquement (64%). Mais pourquoi s'engageraient-ils dans une vie politique qui leur fait si peu de place? Comment leur reprocher de ne pas prendre part à un jeu dont d'autres fixent les règles? Grégoire Tirot rapporte les données collectées par Anne Muxel, sociologue spécialiste de la jeunesse qui, tenant compte des non-inscrits sur les listes électorales et des abstentionnistes, évalue à 30% le nombre moins de 30 ans ayant voté lors des scrutins présidentiel et législatif de 2007, alors que 65% des 60-69 ans s'étaient manifestés de manière explicite[2]. Pas étonnant que leurs intérêts soient si mal pris en considération.

Et n'y a-t-il point de salut politique en dehors des partis? Les jeunes s'investissent dans le monde associatif et dans les mouvements alternatifs. Pendant que leurs aînés se disputent les strapontins des instances décisives, eux investissent le terrain et le Web.

Les études montrent que les jeunes sont plus «protestataires» et que les «formes de participation politique non conventionnelles tendent à s'accroître[3]» parmi eux. Qu'il s'agisse d'initier des pétitions, de les signer, de les relayer ou de manifester, les jeunes se montrent bien plus dynamiques que leurs aînés.

C'est donc bien le manque de confiance dans la politique traditionnelle qui explique la désaffection des jeunes à l'égard des partis et des bureaux de vote.

2 Grégoire Tirot, art. cit.

3 Institut national de la jeunesse et de l'éducation populaire, «Bulletin d'études et de synthèses de l'Observatoire de la jeunesse», n° 2, novembre 2010. http://www.injep.fr/IMG/pdf/JES_2_lien_politique_jeunes.pdf

Et l'investissement politique des franges les plus juvéniles ne se limite pas à ces sphères, ce sont les premiers à avoir investi l'espace virtuel qu'offre Internet.

Indignez-vous !, l'impératif du nonagénaire Stéphane Hessel diffusé à des millions d'exemplaires dans le monde, a pris corps à travers les revendications d'indignés[1] jeunes et plus motivés que jamais.

Sur Internet, dans la plupart des cas, ce sont leurs visages qui sont dissimulés derrière les masques d'Anonymous, ce collectif constitué de nouveaux justiciers du Net, qui attaquent quiconque offense leurs valeurs. Souvent raillés ou accusés à tort de piraterie infantile par leurs détracteurs (dont la moyenne d'âge est plutôt élevée...), ils peuvent désormais se vanter d'avoir contribué à des actions démocratiques. À leur crédit, le fléchissement d'un cartel de la drogue au Mexique[2].

En réalité, les vrais «égoïstes» ne sont pas les jeunes mais les générations au pouvoir. Ce sont elles qui se montrent irresponsables en ne leur permettant pas de s'exprimer et en ne se souciant guère de leurs conditions de vie déplorables.

En novembre 2011, le Secours catholique publiait son rapport annuel[3], pointant du doigt l'évolution de la pauvreté en France. Verdict sans appel: les jeunes de 18 à 25 ans représentent la classe d'âge la plus pauvre de France.

---

1 Comme le chantait si bien le groupe Zebda en 1997, en reprenant *Le Chant des partisans* sous le titre *Motivés*.

2 Frédéric Saliba, «Au Mexique, Anonymous fait fléchir un cartel de la drogue». *Le Monde*, 6 novembre 2011.

3 Secours catholique, *Jeunes, une génération précaire, rapport statistique d'accueil 2010*. http://www.secours-catholique.org/IMG/pdf/Dp_Stats2010-2-2.pdf

Ce sont eux qui subissent le plus durement les conséquences de la crise économique et sociale. Bien que plus diplômés et plus qualifiés que les générations précédentes, leurs conditions de vie sont nettement plus précaires. Malgré cela, le soutien de l'État en leur faveur est plus que timide. Exclus des minima sociaux (le RSA étant réservé aux plus de 25 ans), ils ne bénéficient d'aucune mesure spécifique pour favoriser leur accès à la formation, à l'emploi, à la santé ou au logement. 30% des jeunes accueillis par le Secours catholique n'ont aucunes ressources, 36% vivent dans des logements précaires et plus de 40% d'entre eux sont au chômage! Comment expliquer ce désintérêt de nos institutions pour une population qui incarne pourtant l'avenir de la France ?

Pourquoi les responsables de notre pays, seuls à détenir un réel pouvoir de décision, ne conjuguent-ils la politique qu'au présent en faisant fi de l'avenir? Parce qu'ils ne se sentent pas concernés par le futur en raison de leur âge ?

La tonalité des discussions concernant la place de l'énergie nucléaire est un exemple parfait de l'autolâtrie dont nos aînés font preuve. Dans les années 1960, la France s'est lancée dans cette industrie afin d'assurer son autonomie énergétique, sans que jamais le peuple soit consulté et surtout, sans que l'on soit en mesure d'en évaluer les risques.

Aujourd'hui, nous savons que son usage est dangereux, et qu'il laisse en héritage des déchets dont les générations futures devront s'accommoder. Pour le moment, on se contente de les enfouir dans les sous-sols, comme on glisserait de la poussière sous un tapis, mais qu'adviendra-t-il demain, quand le tapis ne pourra plus masquer le danger ?

Le scientifique humaniste Théodore Monod s'évertuait à répéter : «Il est criminel de développer une technologie qu'on ne maîtrise pas, surtout quand elle engage les générations à venir[1].»

Malgré cela, à l'exception du parti Europe Écologie-Les Verts, aucun grand parti du pays n'envisage une réduction significative du recours au nucléaire !

Hier, nos prédécesseurs se sont investis de manière totalement irresponsable dans l'utilisation d'une énergie inconnue, aujourd'hui ceux qui détiennent les manettes mènent la politique de l'autruche. Et ne se préoccupent pas du sort de la planète empoisonnée qu'ils laisseront à leurs successeurs.

La génération qui, en 1968, a porté les revendications d'une classe d'âge a vite oublié combien il était difficile d'être jeune. S'ils ont allègrement profité de la libéralisation des mœurs et du plein-emploi qui leur a permis d'accéder aux plus hautes responsabilités dans le monde économique, médiatique et politique, ce sont aussi les derniers qui pourront tranquillement partir à la retraite à 60 ans, pendant que les plus jeunes – ceux du moins qui auront la chance de travailler – s'échineront à financer leur retraite.

La solidarité intergénérationnelle est essentielle, mais elle ne doit pas être à sens unique. Ceux qui votent l'allongement de la durée des cotisations, et le recul de l'âge auquel les Français pourront se reposer après une vie de labeur, sont ceux-là mêmes qui n'en subiront pas les conséquences et qui auront disparu depuis belle lurette quand il faudra travailler jusqu'à 80 ans.

La classe dirigeante est si consciente de ses privilèges qu'elle en organise le spectacle. Le fameux club Le Siècle, réservé aux

---

1 Voir notamment Théodore Monod, *Et si l'aventure humaine devait échouer*, Grasset, 2000.

élites (hauts fonctionnaires, chefs d'entreprise, élus nationaux, membres du gouvernement, patrons de médias...), illustre parfaitement la manière dont une génération a structuré et verrouillé l'accès au pouvoir. Il a été créé dans le but explicite de permettre aux personnes en position de pouvoir de se connaître et de perpétuer leur domination sur le reste de la société. Ces heureux élus se retrouvent ainsi tous les mois autour d'un dîner au cours duquel ils refont sans doute le monde.

Contrairement à ce que croient savoir les sondés du *Monde*, les jeunes ne sont pas «fainéants»: ils ne font que se contenter des miettes qu'on leur laisse. À la question «qu'est-ce que vous souhaitez le plus dans l'avenir?», posée dans le cadre d'une enquête[2] menée auprès de jeunes gens, le Secours catholique s'est vu répondre par 42% d'entre eux: «trouver du travail»! Preuve que, s'ils en avaient la possibilité, ils travailleraient volontiers.

Mais que leur propose-t-on en guise de travail? Des contrats spécifiques qui sont des entorses aux droits les plus élémentaires des travailleurs: le projet bien heureusement avorté de contrat première embauche[3] (CPE) en 2006, ou les stages rémunérés au tiers du SMIC (voire pas rémunérés du tout) alors qu'ils correspondent à des emplois réels.

En 2005 à Clichy-sous-Bois, en 2007 à Villiers-le-Bel, en 2009 à Grenoble, en 2016 à Beaumont sur Oise... la jeunesse des classes populaires s'est soulevée à plusieurs reprises dans ces quartiers pauvres pour répondre à l'injustice des violences policières. En 2006, les rues ont vu déferler une jeunesse étudiante (dont une partie venait aussi des quartiers populaires)

---

2 Secours catholique, *Jeunes, une génération précaire*, rapport statistiques d'accueil 2010. http://www.secours-catholique.org/IMG/pdf/Dp_Stats2010-2-2.pdf

3 Contrat de travail à durée indéterminée, à destination des moins de 26 ans, dont la période d'essai avait une durée de deux ans.

unie et solidaire contre le CPE. Et parallèlement, les jeunes ruraux souffrent du manque d'opportunités professionnelles.

Car dès lors qu'il faut faire des sacrifices, les jeunes, d'où qu'ils viennent, sont toujours la variable d'ajustement qui permet à ceux qui sont en place de préserver leurs acquis.

Bien évidemment, la jeunesse ne constitue pas un ensemble uniforme, les différences sociales pèsent très lourdement sur les destinées individuelles.

Ils ont néanmoins en commun le fait de ne jouir que de peu de considération, les représentants des générations intégrées ne manquant jamais l'occasion de mépriser leurs engagements. On se souvient encore de ceux qui moquaient la participation de jeunes aux manifestations contre la réforme des retraites, les accusant d'être «manipulés», comme s'ils étaient incapables d'avoir une volonté propre.

Les voix des moins de 30 ans sont rares à pouvoir s'exprimer publiquement, les débats animés sur les plateaux de télévision, tout comme les conférences, leur en laissent rarement l'opportunité. Ce privilège est plutôt réservé à quelques gérontes sans doute plus crédibles.

Finalement, quoi qu'il arrive, les jeunes sont toujours la dernière roue du carrosse.

Il est temps de mettre en place un véritable plan d'action positive leur permettant d'exister politiquement, et de voir les problématiques qui les concernent passer de préoccupations mineures à priorités nationales.

Acte 5 : Marre des héritiers !

Si les baby-boomers ont su occuper les places les plus prestigieuses et s'y incruster, un autre système permet aux familles de préserver leur position dominante sur le reste de la population.

En 1964, Pierre Bourdieu et Jean-Claude Passeron jetèrent un pavé dans la mare en publiant leur célèbre essai, *Les Héritiers*[1], décryptant les mécanismes grâce auxquels les classes dominantes perpétuent les inégalités sociales en assurant la transmission des privilèges à la génération suivante. À travers des exemples concrets, comme l'usage de la langue, ils exposent comment les classes sociales favorisées peuvent se démarquer des autres et assurer à leur descendance un statut.

En allant plus loin, les sociologues démontrent à quel point l'école est l'instrument de ces classes. Loin de dispenser des connaissances neutres, elle avalise la culture des dominants, entérinant, pour ne pas dire renforçant, les inégalités sociales et assurant la reproduction des élites. En 2012, cette lecture de la société est plus que jamais d'actualité.

Pour la perpétuation des inégalités sociales par le biais de l'école, la France est championne du monde.

Le système scolaire français est un des plus inégalitaires parmi les pays de l'OCDE[2], c'est en effet celui dont l'école parvient le moins bien à atténuer les effets inégalités sociales sur les résultats scolaires.

---

1 Pierre Bourdieu et Jean-Claude Passeron. *Les Héritiers. Les étudiants et la culture*, Les Éditions de Minuit, 1964.

2 Programme international pour le suivi des acquis des élèves 2009 (PISA), mené par l'OCDE auprès de 470 000 jeunes de 15 ans dans 65 pays.

Au contraire de la Corée, de la Finlande, ou du Canada : ces «pays qui arrivent en tête mettent l'accent sur l'éducation depuis des années, avec un fort consensus pour réduire les inégalités, beaucoup de moyens, et un investissement très fort des familles, notamment en Asie[1]», selon la sociologue Nathalie Mons[2], spécialiste des politiques éducatives. L'Éducation nationale française est profondément élitiste. Les disparités de niveau entre élèves y restent largement tributaires de leurs origines sociales. Et les résultats montrent que les inégalités tendent à se creuser, l'influence du milieu socio-économique d'origine étant de plus en plus forte. L'enseignement tel qu'il est pratiqué aujourd'hui favorise ainsi les personnes qui sont issues d'un milieu favorisé – qui peuvent également financer des cours particuliers et des séjours linguistiques à l'étranger - et ne permet pas de palier le moindre capital culturel des familles des enfants les plus modestes.

En plus de cela, les diplômes jouent le rôle de marqueurs quasi indélébiles, dans la mesure où ils influencent la destinée sociale des individus des années durant, voire toute leur vie[3].

Je suis toujours étonnée de voir telle personnalité politique quinquagénaire décrite comme «énarque» : n'a-t-elle donc rien accompli de notable depuis l'obtention de son diplôme, trente ans plus tôt ?

En 2009, les 81 élèves admis à l'École nationale d'administration (ENA) ne comptent que 4 enfants d'ouvriers, et cette quasi-absence de toute une couche sociale n'est pas propre

---

1 Cécile Dumas, «Éducation : les inégalités s'accroissent en France», Sciences et avenir.fr, 7 décembre 2010.

2 Voir Nathalie Mons, *Les Nouvelles Politiques éducatives. La France fait-elle le bon choix ?*, PUF, 2007.

3 Voir François Dubet, Marie Duru-Bellat et Antoine Vérétout, *Les Sociétés et leur école. Emprise du diplôme et cohésion sociale*, Le Seuil, 2010.

aux filières d'élite. Dans les troisièmes cycles d'université ils ne sont que 4,5 % des doctorants[4].

S'ils sont si peu nombreux en fin de parcours, c'est parce que dès leur jeune âge l'Éducation nationale trie et sélectionne les élèves promis aux filières les plus prestigieuses.

Dès la «sixième, le score moyen en mathématiques des enfants de cadres est déjà supérieur de 16 points à celui des enfants d'ouvriers» et «un élève dont le père est enseignant a quatorze fois plus de chances d'obtenir le bac général que celui dont le père est ouvrier non qualifié, selon le ministère de l'Éducation nationale[5]».

L'enchaînement de ces processus n'est pas aléatoire, il a un sens bien précis: celui de fabriquer une élite. Eh oui, les élites ne tombent pas du ciel, il faut les «dresser» pour en nourrir les rangs. C'est ce que suggère la journaliste Marie-Laure de Léotard[6], qui étudie minutieusement les rouages de la mécanique de l'éducation.

Selon elle, le cursus scolaire est organisé de manière à permettre aux grandes écoles d'attirer les meilleurs élèves. Elle explique que la sélection s'opère très tôt en France où une part importante du destin se joue avant 16 ans, au contraire des États-Unis.

Elle dénonce également la dotation inéquitable des grandes écoles, qui n'accueillent qu'un infime pourcentage des étudiants,

---

4 Louis Maurin, «Pourquoi l'école française est-elle si inégalitaire ?», *Alternatives économiques*, hors série n° 88, février 2011.

5 *Ibid.*

6 Marie-Laure de Léotard, *Le Dressage des élites. De la maternelle aux grandes écoles, un parcours pour initiés*, Plon, 2001.

quand les universités se serrent la ceinture alors qu'elles abritent dans leurs murs l'immense majorité des étudiants.

Le système des grandes écoles n'est conçu que dans l'optique de dégager une élite qui profitera au pouvoir. On peut ainsi identifier dès l'école primaire, selon le lieu géographique, et au collège, en fonction des options choisies, quels sont les élèves qui auront le plus de chances d'accéder aux filières dites «d'élite».

Les privilèges de l'Ancien Régime ont été abolis par les révolutionnaires, mais l'aristocratie n'a pas tout à fait disparu. Cette caste décroche des diplômes prestigieux et les transmet d'une génération à l'autre comme on héritait autrefois de titres de noblesse.

C'est ce qui explique la survalorisation des diplômes et le point d'honneur que se font les détenteurs de ces sésames de les rappeler tout au long de leurs carrières.

La levée de boucliers déclenchée par la refonte du concours d'entrée à Sciences-Po Paris n'est rien de moins que le réflexe de survie d'une classe qui n'est aucunement disposée à perdre son statut dominant. Le débat portait notamment sur la suppression de la culture dite «générale», jugée discriminante pour celles et ceux qui n'ont pas eu la chance de naître et de grandir dans un environnement susceptible de leur dispenser les savoirs y afférant. Il semble juste de mettre fin à cette sélection qui sanctionne l'origine sociale au détriment de qualités plus objectives, mais la nouvelle orientation de Sciences-Po est loin de faire l'unanimité. Les autres grandes écoles ne manquent jamais une occasion de dénoncer la posture d'ouverture adoptée par l'Institut d'études politiques parisien.

Les mécanismes favorisant la reproduction sociale ne se cantonnent pas au système scolaire.

Il est très simple de mettre en place des instruments garantissant à des corps entiers de verrouiller leur porte d'entrée.

La profession de notaire est une belle illustration de ce verrouillage. Pour devenir notaire en France, il faut être dûment diplômé et posséder ce qu'on appelle une charge.

Les charges existent en nombre limité, la création de charges nouvelles par le ministère de la Justice est fort rare. Dans la plupart des cas, il faut donc acheter une charge existante, dont le prix est particulièrement élevé pour ne pas dire dissuasif. Et pour y avoir accès il est nécessaire qu'un notaire se retire. Cette situation favorise de fait les héritiers de notaires, dans la mesure où ceux-ci n'ont pas à débourser le montant exorbitant indispensable à l'achat, et parce qu'il est probable qu'un notaire partant à la retraite préfère privilégier sa descendance et lui transmettre son patrimoine en priorité.

Voilà comment, par des mécanismes simples, on peut protéger une profession et en restreindre l'accès aux seuls élus par les personnes déjà en place.

Des pays ont fait des choix différents: chez nos voisins espagnols, les notaires sont sélectionnés grâce à un concours dont l'ordre de classement détermine l'attribution d'une charge gratuite.

Dans d'autres domaines, comme l'accès au logement, on peut l'air de rien exclure les personnes dont l'ascendance n'est pas conforme aux critères établis par le marché. Imposer aux locataires d'avoir des garants disposant d'importants revenus évince de fait ceux dont les parents sont pauvres (ou qui n'ont pas de parents).

De la même manière, le choix politique de taxer de manière plus ou moins importante les produits provenant de successions est une manière d'afficher la volonté de protéger les héritiers. Si l'on décide de taxer lourdement les successions, les personnes les plus pénalisées sont celles qui ont accès à des capitaux hérités, capitaux qui symbolise la transmission d'une position sociale par le simple fait de la naissance. Si l'on décide que ces biens ne doivent pas faire l'objet d'une imposition importante, on légitime l'idée selon laquelle les riches méritent d'être riche du simple fait de leur filiation.

Le marché de l'emploi use également de bien des procédés pour assurer que les postes les plus convoités n'échappent pas à une certaine catégorie de la population.

Lorsque j'ai interviewé le sociologue Jean-François Amadieu[1], celui-ci m'a appris que 70% des recrutements s'effectuaient par le biais des réseaux informels. Ce marché «caché» de l'emploi, composé de postes dont la vacance ne fait l'objet d'aucune annonce, est le moyen le plus sûr de trouver une place. Celles et ceux qui n'ont pas accès à ces informations sont de fait tenus à l'écart de ces recrutements. Plus les postes sont qualifiés et bien rémunérés, moins le recrutement est ouvert au public. Dans le cas des dirigeants d'entreprises, le réseau est la seule option.

Cette étanchéité est bénéfique à ceux qui peuvent en profiter, dans la mesure où ils n'entrent pas en concurrence avec l'ensemble des aspirants potentiels.

---

1 « Égaux, mais pas trop » : «Recrutement et diversité» de Rokhaya Diallo. LCP. décembre 2011.

Au Royaume-Uni, lorsqu'on cherche le/la nouveau-elle directeur-trice de la BBC annonce est publiée pour son recrutement imagine-t-on pareille chose en France ?

Le communautarisme que l'on aime dénoncer dès lors qu'il s'agit de minorités est le fait d'une caste favorisée, seul groupe qui soit parvenu à s'organiser de manière efficace pour exclure quiconque tenterait de s'y mêler.

La naissance détermine encore une grande partie des destinées, et les rares miraculés qui parviennent à s'extraire de leur carcan d'origine sont encore trop peu nombreux pour bousculer une société plus figée que jamais.

Acte 6 : Le féminisme *old school*, ça suffit !

La société française est dominée par les hommes, le patriarcat d'antan est loin d'avoir disparu.

Les femmes sont toujours victimes de brutalités quotidiennes : une femme meurt tous les deux jours et demi sous les coups d'un homme et 75000 d'entre elles sont violées chaque année. Leur présence sur la scène politique est réduite à la portion congrue (73 % des députés sont des hommes) et rares sont les femmes qui ont accès à la parole publique, là encore les voix masculines ont largement le dessus.

Les plateaux de télévision où se déroulent les débats ne tentent même pas d'afficher un semblant de parité femmes-hommes.

Ces injustices donnent aux féministes toutes les raisons de s'insurger. Pourtant, depuis quelques temps, certaines d'entre elles me semblent égarées dans leurs combats tant elles se trompent de cibles.

Ces dernières années, la question des violences contre les femmes fait l'objet d'une attention médiatique toute particulière. De la dénonciation des «tournantes» aux «crimes d'honneurs» attribués aux hommes d'origine étrangère, en passant par la récente loi interdisant le port du voile intégral au nom de la «dignité des femmes», rarement la condition féminine a autant monopolisé le débat médiatique et politique. Mais c'est la condition de certaines femmes qui semble focaliser toutes les attentions.

Au début des années 2000, la polémique qui naît autour du port du foulard musulman à l'école marque une profonde division parmi les féministes françaises. Une infime minorité se montrent solidaires des femmes qui portent le foulard, quand une immense majorité les pointent du doigt et prétendent dénoncer la domination dont elles seraient toutes victimes.

Au nom d'une étrange conception du féminisme, des voix plaident pour la libération des femmes voilées, comme s'il était impossible qu'elles aient délibérément fait le choix d'afficher leur islamité par le biais de ce vêtement. Au lieu de lutter contre le sexisme général dont sont victimes toutes les femmes de France (celui qui se traduit par des violences quotidiennes et les écarts de salaire par exemple), celles-ci se focalisent sur un sexisme supposé particulier à certaines cultures (l'islam pour ne pas le citer) ou à certains «quartiers» (suivez mon regard...).

Afin de montrer à quel point ce sexisme est étranger à notre société – profondément égalitaire comme nous le savons –, ces médias exhibent des exemples de femmes voilées venues de pays étrangers, l'Arabie Saoudite, ou l'Iran, pour montrer à quel point les femmes «musulmanes» sont opprimées. Or, quel point commun y a-t-il entre une femme française qui fait le choix de porter le foulard pour afficher son identité religieuse, dans un pays libre où l'islam est minoritaire, et une femme vivant dans une théocratie islamique ne lui offrant pas la possibilité de refuser le foulard ? N'est-il pas réducteur d'amalgamer deux réalités culturelles si éloignées ? Les musulmanes formeraient-elles une communauté par-delà les frontières ?

Il y a sans doute en France des femmes contraintes de se couvrir la tête ou le visage, mais sont-elles les seules femmes qui subissent la violence des hommes ? Il est étrange de lutter pour leur émancipation comme si elle requérait une action particulière, sans aucun lien avec le sexisme qui s'insinue dans l'ensemble de la société.

L'association «ni putes ni soumises» est née de ce malentendu. Créée en 2004, elle est dotée de subventions colossales et devient vite l'association la mieux soutenue par les institutions publiques françaises[1]. Surfant au départ sur un fait divers atroce (une jeune femme brûlée vive par un homme de sa cité populaire), elle s'autoproclame porte-voix d'un féminisme dit «des quartiers» (parce que là-bas les femmes ne sont pas les mêmes, vous l'aurez compris). Elle s'insurge contre le sexisme bien particulier dont «leurs» hommes (comprendre les arabo-musulmans de banlieue) seraient les auteurs, du fait de leur culture de barbares... euh... barbus.

À l'époque de la mobilisation contre le port du foulard, l'association bénéficie d'une campagne de promotion gratuite offerte par des magazines comme *Elle*, où les célébrités se bousculent pour plaider la cause des «femmes des cités» qui

---

1 L'association reçoit ainsi 500 000 euros par an. Voir Marie Vaton et Elsa Vigoureux, « Scandale à Ni putes ni soumises ? », *Le Nouvel Observateur*, 25 octobre 2011.

lutteraient contre une oppression liée au port du hijab. Sans jamais daigner donner la parole aux premières concernées.

Ainsi pouvait-on voir un de ces magazines vanter les mérites de toutes sortes de régimes et autres cures de rajeunissement, symboles des douloureuses injonctions faites aux femmes, parfois au péril de leur santé, tout en pleurant sur le sort de celles qui font le choix – pas assez *fashion* – du foulard musulman. Des femmes, dont les pieds sont comprimés dans de vertigineux et fort douloureux talons aiguilles, dénonçaient vigoureusement l'oppression exercée par de simples bouts de tissus. Comment peut-on raisonnablement s'inquiéter davantage de voir des femmes marquer leur appartenance au genre féminin par un foulard, que d'assister à leur passage sous le bistouri d'un chirurgien (avec les graves conséquences sanitaires que cela peut impliquer) ?

Lors des manifestations contre l'interdiction du port de signes religieux à l'école, des jeunes femmes ont défilé coiffées de foulards bleu blanc et rouge, témoignant à la fois de leur affirmation identitaire et de leur sentiment d'appartenance au destin collectif français.

Rejeter ces femmes au nom d'une vision caricaturale et ethnocentrée de la dignité féminine est une posture d'arrière-garde, une posture «maternaliste» qu'il serait temps d'abandonner, car elle ne fait que détourner l'attention d'un sexisme encore trop ordinaire en France.

Cette manière de ne trouver des élans féministes que lorsque les discriminations concernent «d'autres» femmes, supposées appartenir à des cultures exogènes, soulage la bonne conscience de la majorité en détournant son regard d'un sexisme pourtant bien de chez nous.

C'est cette pirouette intellectuelle qui permet à Claude Guéant, ministre de l'Intérieur, de refuser la nationalité française à un homme marié à une Française depuis quatre ans (condition qui aurait dû donner lieu à l'octroi de sa nationalité) pour «défaut d'assimilation[1]». Jugeant que cet Algérien avait une «conception dégradante» de la place de la femme dans la société, allant à l'encontre des «valeurs fondamentales» de la société française, parce qu'il empêchait notamment sa femme de sortir seule, de prendre la parole sans son autorisation ou encore de travailler, il lui a dit non. Parce qu'en France le sexisme n'existe pas, c'est évident. Si le sexisme était une réelle source de préoccupation politique, n'envisagerait-on pas de punir de manière plus sévère les hommes français qui comme cet Algérien maltraitent leur femme? Personne n'a songé à déchoir de leur nationalité ces Français indignes?

En 2009, le Collectif national pour les droits des femmes réunissant les signatures de plusieurs organisation féministes appelle à manifester «ensemble pour une égalité réelle». Dans ce texte, les auteurs s'inquiètent du «danger de voir la lutte pour l'égalité femmes/hommes passer au second plan au profit de la lutte contre les discriminations et pour la diversité». Ce n'était pas la première fois que l'on entendait des féministes sous entendre que les femmes devraient être prioritaires dans les luttes d'émancipation du fait de leur nombre. Cette posture qui soulève de nombreux commentaires et interrogations. Le fait qu'il existe des personnes qui peuvent être à la fois victimes de sexisme et de racisme - parce qu'elles sont femmes et d'origine asiatique, maghrébine, de couleur noire, de nationalité étrangère... - a-t-il échappé aux signataires du texte? A l'évidence ceux-ci ne sont pas visés par le racisme... Les femmes non-Blanches doivent-elles choisir la priorité des luttes? N'est-il pas médiocre au

---

1 « Guéant refuse la nationalité française pour "défaut d'assimilation"», *L'Express*, 10 juin 2011.

regard des valeurs portées par le collectif d'instaurer une telle compétition pour classer les combats par ordre d'importance? Est-il si difficile de s'insurger à la fois contre le racisme et le sexisme, «ensemble» comme le dit l'appel à manifester? Si seuls les groupes majoritaires méritaient l'attention, dans quelle démocratie vivrions-nous? Le fait d'instaurer une concurrence ne bénéficiera qu'aux dominants qui de leur point de vue ont tout intérêt à «diviser pour mieux régner».

Au début du XXème siècle, les féministes américaines blanches avaient développé une argumentation du même acabit en pointant du doigt ce qu'elles considéraient comme une injustice: les hommes noirs pouvaient prétendre à l'exercice d'une citoyenneté gagnée grâce à l'abolition de l'esclavage mais dont les femmes ne disposaient toujours pas! En sommes-nous toujours au même point en ce début de XXIème siècle?

Il suffit d'agiter la figure de «l'étranger» pour que miraculeusement certains de nos représentants politiques se découvrent féministes. C'est cette formule magique qui, lors des débats ayant précédé l'interdiction du port de la «burqa» dans l'espace public au nom des droits des femmes, a soudainement rendu urgente l'émancipation des femmes «opprimées» par le port du voile intégral.

Que certains de ces nouveaux défenseurs de la cause féminine (Jacques Myard, Lionnel Luca ou Thierry Mariani entre autres) se soient par le passé opposés aux avancées féministes, comme la réforme de l'IVG et de la contraception, ne semble étonner personne. Ni le fait que ce féminisme à géométrie variable soit manifesté par des élus qui siègent sans états d'âme dans une assemblée composée à 82 % d'hommes.

Et ce sont ces mêmes personnes qui alimentent la machine Ni putes ni soumises, en orientant une grande partie des financements de la lutte antisexiste vers cette approche particulariste.

C'est ainsi qu'en 2010 l'association a été chargée par Éric Besson, alors ministre de l'Identité nationale, de sillonner «les quartiers les plus sensibles, afin de promouvoir la laïcité et l'égalité entre les hommes et les femmes, partout où elle est menacée[1]», moyennant la coquette somme de 80 000 euros. Pas moins de 15 «ambassadrices» étaient chargées de civiliser... euh... d'incarner le dispositif pédagogique accompagnant la loi antiburqa (eh oui, faut tout leur expliquer à ces musulmans...). Ces femmes «issues de l'immigration» (*dixit* le ministre) ont sans doute toutes les qualités nécessaires pour trouver les mots justes afin de communiquer avec leurs «cousines» indigènes des quartiers populaires, et pour convaincre ces incultes des bienfaits de cette loi. Elles ont ainsi été chargées d'animer «des réunions et des débats locaux, dans les maisons de quartier», et d'aller jusque «dans les établissements scolaires» et derrière les «portes des appartements où la violence contre les femmes est la moins visible», pour assurer ce qui ressemble fortement à une évangélisation. Pendant ce temps, les femmes victimes de violences de l'autre côté du périphérique pourront toujours attendre que l'on s'intéresse à elles. Parce que évidemment le sexisme n'existe nulle par ailleurs.

Enfin, c'est ce qu'on croyait jusqu'à l'« affaire DSK». Le 15 mai 2011, la France abasourdie découvre celui qu'elle voyait déjà président de la République accablé par une accusation de viol. Par son traitement médiatique, cet événement a le mérite

---

1 Chloé Leprince, « Loi antiburqa : 80 000 euros pour Ni putes ni soumises », Rue89, 29 octobre 2010.

de démontrer que le sexisme trouve de belles manières de s'exprimer dans les sphères de pouvoir.

Les premiers élans de solidarité passés (Jean-François Kahn décrivant l'événement comme un simple «troussage de domestique» et Jack Lang estimant qu'il n'y a «pas mort d'homme[1]»), les langues commencent à se délier.

Lors de ce grand déballage, le public réalise à son grand étonnement que les problématiques vestimentaires ne concernent pas que les «pauvres» femmes, puisque la ministre Chantal Jouanno a admis qu'à force d'entendre des propos «déplacés» lorsqu'elle osait arborer une jupe à l'Assemblée nationale, elle avait fini par y renoncer. Pourtant, aucune «ambassadrice» de Ni putes ni soumises n'a jamais été dépêchée au Parlement.

La sexualité agressive de certains hommes, issus des cercles élitistes, apparaît souvent sous le jour sympathique de «gauloiseries», expression d'un donjuanisme qui serait inhérent à la culture française. Les riches hommes blancs peuvent ainsi «trousser» leurs domestiques noires pauvres, ça fait partie du folklore. Mais pour les hommes non blancs, prière de se tenir à carreau: ils se doivent de scrupuleusement respecter l'égalité entre les hommes et les femmes pour mériter d'être français.

Tandis que les médias dénoncent à grand renfort de sensationnalisme les pratiques «d'un autre âge» des cités populaires, nos hommes politiques sont encouragés dans leurs pratiques sexistes, dont l'ampleur a longtemps été masquée par une trop grande indulgence et complaisance des journalistes. C'est ce qui autorise une femme telle Sylvie Pierre-Brossolette

---

1 Jean-François Kahn sur France Culture, le 16 mai 2011, et Jack Lang invité du «Journal de 20 heures» sur France 2, le 16 mai 2011.

à s'apitoyer sur le sort du pauvre Dominique Strauss-Kahn : « Les télévisions de la planète entière montrent un prestigieux Français pénétrer dans le tribunal de New York, piteux, mal rasé et toujours menotté, pas mieux traité que les malfrats de couleur déférés avant et après lui devant le juge[2]... » Comme s'il était normal de maltraiter les voyous basanés et anormal de menotter les riches français, fussent-ils accusés de crimes tels que le viol.

Pourtant, la plupart des 75 000 viols qui sont perpétrés chaque année ne se déroulent pas dans les sombres caves des cités, les auteurs de violences sexistes ne sont pas plus nombreux parmi les « caïds » de banlieue que chez les élites politico-médiatiques, il est avéré que le sexisme est le travers le mieux partagé par les hommes quelle que soit leur classe sociale. La violence contre les femmes n'est ni l'apanage des pauvres de « banlieue », ni le fait de minorités culturelles. Les chiffres prouvent chaque année qu'elle a cours dans tous les milieux sociaux.

Il serait temps que le féminisme français ouvre les yeux sur sa vocation : considérer toutes les femmes de manière égale, sans en mépriser ou en regarder avec condescendance certaines tout en fermant les yeux sur les pratiques des élites.

Je les inviterais à méditer la fameuse maxime, chère aux mouvements d'émancipation des années 1970, « mon corps m'appartient », qui inclut toutes les femmes. Sans exception.

---

2 Sylvie Pierre-Brossolette, « La chute », *Le Point*, 19 mai 2011.

Acte 7 : Cessons donc d'être pessimistes !

La France est la championne du monde du pessimisme. À l'aube de l'année 2012, un sondage[1] montrait que 8 Français sur 10 prédisaient une année des plus négatives, donnant un score de -79 à la France sur l'échelle du pessimisme (contre -3 en moyenne au niveau mondial).

Les neuf premières places de ce classement sont occupées par des pays européens, l'étude concluant que «l'Europe mène en matière de désespoir, suivie par l'Amérique du Nord. Le reste du monde, Afrique en tête, demeure globalement optimiste». C'est le Nigeria qui décroche la palme de l'optimiste, dans ce pays dynamique on voit manifestement l'avenir en rose.

Les auteurs de «La Fabrique de la défiance[2]», décryptent ce mal bien français qu'est le pessimisme et insistent sur le terrain gagné par le mal-être sur notre territoire. Ils attribuent ces maux aux relations sociales – héritées «de nos monarchies passées» - qu'ils estiment de piètre qualité et en constante dégradation.

Tout commence dès l'école où les élèves passent la plupart du temps silencieux face à un tableau, le travail en groupe étant quasi inexistant. D'autres cultures valorisent les interactions entre élèves ce qui est capital car c'est à ce stade que l'on établit les fondements du dialogue social nécessaire tout au long de la vie.

Dans le monde du travail, les effets de l'absence de travaux de groupes se ressentent durement, le *déficit de confiance produit par le système scolaire»* s'exprime notamment au travers

1   Enquête BVA-Gallup International, réalisée dans 51 pays pour *Le Parisien*, publiée en décembre 2011.
2   « La Fabrique de la Défiance... Et Comment s'en sortir « - Yann Algan, Pierre Cahuc et André Zylberberg. Albin Michel

des méthodes managériales en entreprise. Dans nos entreprises structurées par une « hiérarchie outrancière » les relations entre collègues sont loin d'être fluides, nous obéissons plus volontiers à des ordres émanant d'un chef que nous ne faisons confiance nos collaborateurs. Si bien que l'ascension professionnelle d'une manière beaucoup moins linéaire que chez nos voisins : *« 66 % des dirigeants des grandes entreprises en Allemagne et 51 % au Royaume-Uni ont fait une carrière interne. En France, c'est le cas seulement pour 21 % d'entre eux »*. Ce qui témoigne d'importantes lacunes dans notre faculté à coopérer que cela soit au travail ou même tout simplement dans la vie quotidienne.

La politique française est le reflet de ce climat : comment envisager sereinement l'avenir avec un tel état d'esprit ?

Il y a quelques années, j'ai réalisé un reportage consacré au recrutement et aux barrières à l'embauche[3]. Au cours de mes recherches, je me suis rendue à l'ambassade du Canada, laquelle organisait des sessions d'information destinée aux personnes souhaitant y émigrer. À ma grande surprise, l'assistance était composée en majorité de personnes noires, d'origine asiatique ou maghrébine. Celles que j'ai interviewées ont témoigné de leur lassitude face à une France qui les enfermait dans le carcan de leur « minorité » et refusait de leur offrir les opportunités en adéquation avec leurs compétences. Il semble que l'Amérique du Nord – encore elle ! – attire plus que notre jeunesse rejetée par une France angoissée.

Les Européens ne sont pas les seuls à se détourner de leur continent. Les étudiants africains par exemple ne rêvent plus de l'Ancien Continent, ils sont de plus en plus nombreux à se

---

3 « Égaux, mais pas trop » : « Recrutement et diversité » de Rokhaya Diallo, LCP, décembre 2011.

rendre en Chine[1] et en Inde qui les accueillent à bras ouverts. La Chine est en effet désormais une des principales destinations de ces brillants cerveaux et, contrairement à la France, elle ne rechigne pas à leur délivrer des visas et à leur offrir des bourses. Loin de verser dans une soudaine philanthropie, les dirigeants chinois misent sur l'avenir de ceux avec lesquels ils comptent bien entretenir des liens lorsqu'ils occuperont d'importantes positions professionnelles. C'est là la vision d'un pays qui se projette dans le futur et qui y entraperçoit de beaux présages, non celle d'un pays qui appréhende avec crainte les lendemains.

Dans une France repliée sur elle-même, les leaders politiques se disputent la célébration de Jeanne d'Arc, icône née il y a six cents ans, qui s'est illustrée pour avoir «bouté les Anglais» hors du royaume de France.

Il y a un lien évident entre la tonalité des déclarations politiques et l'état d'esprit négatif qui parcourt la France. Éric Fassin parle ainsi d'«un discours inquiet – menaçant, mais aussi menacé». Selon son analyse, «l'optimisme civilisationnel» d'autrefois «a cédé la place au pessimisme obsidional: l'heure n'est plus à l'expansion coloniale, mais à la forteresse érigée contre les invasions barbares[2]».

Tels des seigneurs dans leurs châteaux forts, nos gouvernants dressent des barbelés frontaliers au risque d'isoler la France pour de bon.

---

1 Selon les statistiques du ministère chinois de l'Éducation, en septembre 2007, la Chine a enregistré 21 000 entrées d'étudiants africains venus de 50 pays et bénéficiant d'une bourse du gouvernement chinois, ainsi que 8 000 autres entrées à leurs propres frais.

2 Carine Fouteau, entretien avec Éric Fassin, «Éric Fassin : Guéant cherche à doubler l'extrême droite sur sa droite», Mediapart, 6 février 2012.

La France,
c'est demain !

L'imaginaire de notre pays est jonché de références relatives aux aspirations émancipatrices de la Révolution, mais force est de constater qu'aujourd'hui les idéaux révolutionnaires sont très loin d'avoir été accomplis.

Les «privilèges» n'ont plus d'effectivité officielle, mais nombreux sont nos concitoyens qui jouissent d'avantages injustifiés, au détriment de ceux qui ont la malchance de n'avoir pas vu le jour au bon endroit.

La France ne doit pas se faire le chantre de la promotion de la réussite individuelle, elle ne peut se contenter de ne proposer que des dispositifs correctifs. Les politiques dites «d'égalité des chances» actuellement développées n'ont pour vocation que de colmater des dysfonctionnements de manière sporadique alors qu'il faudrait en modifier le système profondément inégalitaire.

Le rejet des étrangers et la suspicion à l'égard des immigrés installés sur le territoire français sont en totale contradiction avec les principes hérités de la Révolution.

La Constitution montagnarde du 24 juin 1793 n'accordait-elle pas déjà le droit de vote aux étrangers «âgés de 21 ans accomplis, domiciliés en France depuis une année, y vivant de leur travail, ou y ayant acquis une propriété, ou épousé une Française, ou adopté un enfant, ou nourri un vieillard»? Les étrangers, dès lors qu'ils étaient installés sur le territoire ou liés à des Français, étaient considérés comme des électeurs légitimes. Que s'est-il passé depuis pour que ces principes disparaissent de l'imaginaire républicain?

Aux États-Unis, les Américains ont adopté des dénominations tenant compte de leurs origines: *African-American, Latino-American, Asian-American, Irish-American...* ce sont les minorités qui après des siècles d'assignation (negro, colored...) ont imposé leur choix. Ces Américains, que l'on nomme *hyphenated American* (Américains à trait d'union), ne sont pas moins américains que les autres. Ils ne sont pas des demi-Américains, qui seraient par exemple à moitié irlandais et à moitié Américain. Bien au contraire, ils revendiquent pleinement chacune de leurs appartenances qui, au lieu de se concurrencer ou de s'anéantir, se renforcent.

En France, une certaine idée de l'assimilation tend à nier toute revendication d'identité plurielle, de crainte qu'elle ne mette en danger la part française. Et ce sont les mêmes détracteurs du multiculturalisme qui admirent le «patriotisme» américain et l'incroyable attachement des citoyens à leur drapeau. N'est-ce pas contradictoire? Si les Américains s'identifient si fortement au drapeau, n'est-ce pas parce qu'on les autorise par ailleurs à s'épanouir en leur permettant de parler d'autres langues, et de revendiquer des appartenances multiples? La symbolique du «trait d'union» montre à quel point l'appartenance qui est associée à la nationalité américaine n'est pas une menace, mais un lien qui unit l'Amérique au reste du monde.

Les Français portent comme les Américains des identités aussi multiples que protéiformes. Le fait de permettre à chaque Français de choisir ce qu'il est, et de se définir comme il l'entend, ne le rendra pas moins français. Au contraire, cela résoudra les conflits de loyauté qui habitent certains enfants d'immigrés, qui ne se reconnaissent pas dans le reflet que leur renvoie la France et ne savent plus s'ils sont français, algériens, chinois ou maliens.

Par le biais de l'enseignement de l'histoire, l'école doit aussi se faire le miroir de cette complexité. Nous ne pouvons pas analyser notre passé sans saisir la multiplicité de notre population. Comment peut-on raisonnablement exiger d'un enfant français originaire du Vietnam d'accepter dans le récit national que l'on qualifie de «défaite» la bataille de Diên Biên Phù, dans l'ex-colonie indochinoise, si ses aïeux s'y sont battus et y ont péri pour l'émancipation de leur peuple et le triomphe des droits humains? Il y a là une contradiction qui ne peut se résoudre si l'on ne met pas à plat les complexités que sous-tendent tous les questionnements relatifs à l'identité française.

Cet événement est la victoire des peuples opprimés sur l'injustice coloniale, victoire qui fait partie intégrante de notre identité collective.

Comme le suggère l'historien spécialiste des États-Unis François Durpaire[1] nous devons invoquer une histoire

---

1 François Durpaire, *Nous sommes tous la France ! Essai sur la nouvelle identité française*, Philippe Rey, 2012.

commune qui fasse sens pour tous. Nos ancêtres ne peuvent se résumer aux «Gaulois». Si nous devons inventer un passé mythologique commun, nous devons aussi reconnaître parmi nos ancêtres les Nèg'Marrons, ces esclaves qui se sont libérés par la force du joug colonisateur au nom des principes de liberté qui figurent dans nos fondements. Parmi les Révolutions des Lumières on oublie trop souvent celle qu'a menée Toussaint Louverture contre la France pour donner naissance à Haïti, la première république noire du monde. Pour être en conformité avec les principes affichés par la République, notre regard sur l'Histoire doit s'enrichir pour dépasser l'univocité d'un récit qui ignore une large partie de la population.

Aujourd'hui, c'est une France apeurée et vieillissante qui dresse des remparts contre l'extérieur. Il est plus urgent que jamais de réinsuffler une belle dose d'optimisme parmi les nôtres pour aborder l'avenir avec entrain et sérénité.

Remerciements

Je remercie ma famille et mes amis pour leurs relectures attentives et leur soutien sans faille.

Je remercie en particulier Bachir Diallo, Gilles Horvilleur, Fatima Aït Bounoua, Lilia Bouhdjar, Virginie Sassoon et Maboula Soumahoro, Paméla Koudié-Diop, Nicolas Jounin et Marc Germanangue.

Table des matières

ISBN-10: 2749915791
ISBN-13: 978-2749915791

Éditeur : Soulajah Editions

Made in the USA
Middletown, DE
26 October 2021